나이 들어도 스타일—나게 살고 싶다

나이들어도 스타일
나게 살고 싶다

쇼콜라 지음 | 이진원 옮김

들어가며

60세가 되었을 무렵 생활 방식이 바뀌기 시작했다.

요즘 시대에는 아직 젊다고들 하는 나이지만, 인생의 큰 고비인 환갑을 맞아 체력도 기력도 해마다 쇠약해져 간다. 실제로 병이 있는 것은 아니지만 언제 어떻게 될지 알 수 없다…….

이런저런 생각을 하다 보니 혹시 무슨 일이 생기면 두 아들이 내가 남긴 것들을 정리하게 될 것이라는 데까지 생각이 미쳤다. 그때 되도록 아이들이 힘들지 않게 지금부터 일상생활을 단순하게 해서 필요한 것만 남겨야겠다는 생각에 물건을 정리하기 시작했다.

더 늙기 전에 주변 환경과 생활 습관 등을 정리하고 싶었다.

20년 전 42세에 방 하나에 주방이 딸린 작은 아파트에서 난생 처음 혼자 살기를 시작했다. 가구는 의자 1개와 의류 케이스 3개, 옷과 앨범, 신변 잡화 정도였다. 청소기도 밥솥도 없는, 요즘 말하는 미니멀리스트minimalist의 생활이었다. 그러다 최소한으로 필요한 침대와 테이블, TV, 냉장고 등을 더 사면서 5년 뒤에 지금의 아파트를 구입했다.

원래 나는 인테리어를 좋아해 이상적인 내 집을 꿈꾸며 가구와 잡화를 구비해 나갔다. 옷도 늘어 옷장 속은 늘 꽉 찬 상태였다. 가구와 옷, 책과 식기, 잡화 등등. 한 번에 하려고 생각하지 않고 조금씩 마음이 내킬 때마다 정리했다. 그리고 마침내 2년 가까이 걸려 지금은 딱 좋다고 느껴지는 환경 속에서 살고 있다.

물건을 줄여 나가면 쓸데없는 것을 사지 않게 된다. 절약하기 위해 수십 년간 계속해 온 가계부 작성도 작년에 그만두었다. 심플하게 살게 되자 매월 적은 예산으로 생활하는 습관이 몸에 배었다. 지금은 평범한 파트타이머 아줌마로 하루하루를 살고 있다. 절약만 하는 무미건조한 생활이 아니라 돈을 들이지 않고 즐기는 방법도 궁리하면서 말이다.

큰일이 없는 한 노후는 아직 수십 년이나 남아 있다. 불안을 느끼더라도 매일 소중하게 긍정적으로 살다 보면 그것이 쌓여 행복한 노후를 보낼 수 있을 것이다.

이 책이 독자 여러분이 앞으로 생활을 해나가는 데 조금이라도 도움이 된다면 기쁘겠다.

차 례

2 장

작은 집을 살기 편하게 정돈하다

3 장

정말 좋아하고 필요한 것만 남긴다

4 장

주방도 심플하게 정리

5 장

경제적 자립심이 독신 생활의 버팀목

6 장

나만의 시간을 즐기는 법

7 장

하루하루를 소중히 하며 나이들고 싶다

매일 혼자 하는 저렴한 식사라도 근처를 산책하다 맛있어 보이는 가게를 발견하면 들어가 보기도 하자. 가족이나 친구들을 만나 평소에 먹지 않는 조금 사치스러운 식사를 즐겨도 좋겠다. 도저히 참을 수 없다면 평소보다 비싼 옷이나 가방을 사기도 해보자. 평소에는 절약하며 살지만 때때로 '분수에 맞지 않는' 시간을 갖는 것도 필요하다고 생각한다.

| 1 장 |

앞으로의 생활에 맞는 심플한 생활 방식

STYLE 1

고된 영업직에서 파트타이머로 전환

홀로서기를 시작하고 계약사원으로 시작한 영업직. 화장품 회사이기도 해서 남녀에 별 차별이 없고 성과를 낸 만큼 월급도 인상되었다. 정직원이 되고 나서는 팀장과 작은 영

업소의 소장이란 직책까지도 맡게 되었다. 보람을 느끼며 일을 하고 있었는데 50대 후반에 접어들면서 장시간의 노동과 실적에 대한 스트레스 때문인지 몸 상태가 나빠지고 말았다. 그때까지 계속 일에만 전념했었기 때문에 나 자신을 위해 '준은퇴생활'을 선택하기로 마음먹었다. 그래서 연금을 받을 수 있을 때까지 여유를 가지고 파트타이머를 할 생각으로 57세에 회사를 그만두었다.

그 뒤 정부가 운영하는 직업 안내소 '헬로워크'를 통해 파트타이머로 일할 직장을 찾았다. 각오는 하고 있었지만 막상 '파트타임 아줌마' 입장이 되어 보니 무척 곤혹스러웠다. 하루는 주어진 업무 중에 명확하지 않은 점이 있어 상사에게 질문했더니 '그런 생각까지 할 필요 없으니까 시키는 것만 하면 됩니다'라는 답변이 돌아왔던 것이다.

이전까지 여러 명의 직원들을 지휘하며 일의 내용과 흐름을 수시로 파악하고 지시를 내리는 입장이었기 때문에 내가 이 회사에서 쓸모 있는 사람이 될 수 있을지 고민이 되기도 했다. 정년퇴직한 남성이 느낄 법한 딜레마였겠지만, 그것도 서서히 익숙해지고 조금씩 작은 일을 맡게 되었다.

사실 나는 이전 직장에서 소장이었을 때보다 직접 현장에 나가 주변 사람들에게 업무 실적을 인정받았던 팀장이나 평사원 시절에 더 보람을 느꼈다. 그리고 2년 전 일주일간의 휴가를 마치고 출근한 어느 아침, 상사가 파트타이머인 내게 다음과 같이 말했다.

"쇼콜라 씨가 얼마나 소중한 존재인지 충분히 느꼈습니다."

너무나 기쁜 말이었다. 평소 혼자서 맡아오던 잡무에 대해 도움을 받았다고 생각해 주다니, 이 일을 하게 되어 다행이라는 생각이 들었다.

지금은 입사 당시보다 두뇌 회전도 느려졌고, 익숙한 일은 몰라도 새로운 일은 기억력이 나빠 실수도 자주 한다. 그런데도 이런 나를 꾸짖지 않고 소중하게 대우해 주므로 감사하는 마음으로 계속해서 일을 하고 있다.

이 나이가 되면 시간에 얽매이지 않고 자유롭게 살고 싶다는 생각을 할 수도 있다. 일은 생활비를 벌기 위한 것이니까 말이다. 하지만 계속 일을 하면 하루하루가 다르고 사회에 기여한다는 보람을 느낄 수 있다. 다만, 시간이 지나면서 체력과 기력 모두 점점 저하되는 것을 실감하고 있다.

이번 봄부터는 월요일에서 금요일까지 5일간 풀타임으로 근무하던 것을 주중에 하루 쉬는 근무 형태로 전환했다. 그만큼 월급이 줄어 조금 빠듯해졌지만 이 근무 방식이라면 아직 몇 년간은 더 일을 계속할 수 있을 것 같다.

STYLE 2

작아도 '나만의 성'이 있는 든든함

42세에 별거를 시작하면서 혼자 집을 나왔다. 고등학생이던 아이들의 생활이 걱정되었기 때문에 부동산중개업을 하는 지인을 통해 아이들 집과 가까운 곳의 집을 소개받

았다. 일 층에는 꽃집이 있는 건물의 2층이었다. 꽃집 주인의 주거지는 따로 있어서 가게가 문을 닫는 저녁 7시 이후와 정기 휴일인 일요일에는 사람이라곤 나 혼자였다. 주변의 소음도 없고 해서 아파트라기보다는 단독주택의 2층에 살고 있는 느낌이었다.

작은 주방과 3평 정도의 방, 조립식 욕실이 딸려 있는 곳이었다. 당시는 일이 끝나면 아이들이 있는 집으로 곧장 가서 아이들 저녁식사를 준비하고 다음날 가져갈 도시락을 싸고 빨래를 했다.

셋이 함께 TV를 보며 단란한 시간을 보내다가 아이들이 자기 방으로 돌아가고 나면 돌아오는, 오직 잠자기만을 위한 집 같았다.

이런 생활을 4년 정도 계속하다가 아이들이 성인이 된 후 정식으로 이혼을 했다. 예전 집에 가는 일도 없어졌고 3평짜리 단칸방에 아이들이 놀러 오기도 비좁았다. 작은 주방에서는 요리하기도 힘들었다. 아무래도 조금 더 넓은 집으로 이사를 해야겠다고 생각해서 근처의 전세 물건을 둘러보던 차에 가까운 친구가 신축 아파트 입주 전단지를 가져다주었다. "이제 슬슬 미래와 노후를 대비하는 게 좋을 거야."라는 말과 함께. 그렇게 해서 이사오게 된 곳이 지금의 아파트였다.

저축한 돈도 거의 없고, 매일 일에 파묻혀 살았기 때문에 내가 집을 산다는 생각은 해본 적이 없었다. 하지만 전단지를 보면, 방 3개와 거실·주방·식당·화장실 각각 하나씩 있는 주택 중심이었던 당시 환경에서는 드물게 싱글과 딩크(DINK: Double Income No Kids)족 전용의 소형 아파트였다.

아파트 가격의 시세가 바닥이던 시기이기도 하여 방·거실·주방이 하나씩 있는 가장 싼 집이라면 나도 살 수 있을지 모른다는 생각이 들었다.

당시 내겐 집 구입에 있어 양보할 수 없는 조건이 있었다. 반드시 아이들이 사는 집과 가까워야 하고 가장 가까운 역까지 걸을 수 있어야 한다는 것이었다. 대출 조건도 무리가 없어야 했다.

그런데 이 세 가지를 모두 만족하는 물건이었기 때문에 방 배치나 창호 등의 취향은 생각하지 않고 전단지만을 보고 구입을 결정했다. 평소에는 작은 것 하나 사는데도 이것저것 생각이 많아 좀처럼 사지 못하는 성격이었는데 말이다.

그 당시는 부동산 정보를 인터넷으로 검색하는 시대가 아니었다. 구입한 뒤에 너무 비싼 물건을 단번에 사버렸다는 후회가 밀려왔다. 좀더 이것저것 잘 따져보고 샀으면 좋았을 것을, 새 아파트가 아니어도 좋았을 텐데 하는 등의 생각으로 처음에는 마음이 편치 않았다.

하지만 이 집이 있으면 아이들에게 내 노후 문제 때문에 걱정을 끼치는 일은 없을 것이다. 제2의 본가이기도 한 것이었다.

한 층은 세 가구뿐으로, 승강기 홀을 중심으로 각기 세 방향으로 나뉘어 있으며 모든 가구가 독립되어 있었다. 옆집 소리도 거의 들리지 않았고, 위아래 집도 독신 여성들이 살아 무척 조용했다. 처음에는 효율적이지 않고 어중

간해 좋아하지 않았던 집 구조도 살다 보니 애착이 생기고 편해졌다.

아파트 안에는 세대가 비슷하고 혼자 사는 여성이 많아 구입 당시부터 안면이 있는 사람이 여러 명 있었다. 같은 층에 사는 두 사람도 나보다 나이가 많은 여성으로 혼자 살고 있었다. 우리는 만나면 그 자리에 선 채로 이야기를 나누었고, 무슨 일이 있으면 서로 도와주자고 했다.

분양받은 아파트는 관리를 돌아가면서 해야 한다거나 실내 집기가 고장 나면 스스로 수리해야 하는 등 번거로운 일이 많다. 지금은 아이들도 독립하여 다른 동네에 살고 있어서 이 집으로 결정했던 최우선 조건도 사라지고 없다.

하지만 앞으로 새 집을 마련하거나 임대를 놓기 위해 이사하는 일은 금전과 노동력을 고려했을 때 거의 희박하다. 이곳이 마지막 거처가 될 것이다.

좋은 사람들과 이웃으로 지낸다는 것은 앞으로 나이가 들었을 때를 생각하면 더욱 든든한 점이다. 그런데 평소 신문을 읽지도 않고 전단지를 살펴보지도 않을뿐더러 아파트 구입은 생각해 본 적도 없는 나를 대신해 내 노후를 걱정해준 친구는 정말로 고마운 존재가 아닐 수 없다.

STYLE 3

;

혼자서도 잘 살아왔기 때문에 미래도 두렵지 않다

혼자 사는 게 외롭지 않느냐고 이따금 질문을 받곤 하는데, 20년 동안 외롭다고 생각한 적은 한 번도 없었다. 계속 일을 하고 있었기 때문에 집으로 돌아와 혼자가 되면 겨우

한숨을 돌릴 수 있다. 아무도 신경쓰지 않고 좋아하는 시간에 좋아하는 음식을 먹으며 TV나 인터넷, 음악을 즐기는 사이 시간은 훌쩍 지나가버린다.

처음부터 지금의 이 편안함을 느낀 것은 아니다. 42세에 혼자가 되었을 때는, 매달 받는 금액이 많지 않은 계약직 사원이었다. 집세를 지불하고 나면 저축은 거의 생각도 할 수 없었다. 노후의 거처나 생활을 걱정하며 앞으로 어떻게 될까 하고 불안해서 잠 못 이룬 밤도 있었다.

그런데 그럴 때면 이렇게 생각을 했다.

'지금까지 인생을 살면서 어느 정도 하고 싶은 일들은 다 해보았다. 그러니 달리 방법이 없게 되면 최악의 경우 죽으면 되는 것이다.'

그렇게 생각을 하니, 이상하게도 불안이 사라지고 긍정적이 되어 뭐든지 열심히 해야겠다고 마음먹게 되었던 기억이 난다. 다행히 정직원이 되었고 월급과 상여금도 조금씩 올랐다. 그리고 몇 년 전에는 대출금도 모두 상환했다. 몇십 년 뒤의 일은 어떻게 될지 모르지만, 지금은 친구들과 가족, 두 아들 모두 정기적으로 만나거나 메일로 연락을 주고받는다.

무슨 일이 있으면 의지할 수 있는 사람들이 주변에 있으므로 앞으로도 혼자서 지내며 불안을 느끼는 일은 없을 것이다.

STYLE 4

심플하게 살기 위한 물건 정리

인테리어에 관심이 많아 취향은 바뀌면서도 늘 가구를 좋아했다. 집도 좁고 최소한의 가구로 살 계획이었지만, 있는 게 편할 것 같아 식탁 세트에 커피 테이블, 장식장,

여분 의자 등을 조금씩 늘려 나갔다.

몇 년 전에 마주했던 '미니멀리스트'라는 말을 찾아보니 정말로 적은 가구와 물건만으로 사는 사람들을 가리키는 말이었다. 솔직히 말해서 나에게는 무리다. 소파와 텔레비전, 밥솥과 전자레인지가 없는 생활은 생각할 수도 없다. 매일 같은 옷을 입는다면 즐거움도 없을 것이고 매번 같은 식기로 식사하고 싶지도 않다.

하지만 이를 계기로 집안 정리를 해야겠다는 마음을 먹었다. 너무 많은 물건을 가지고 있었다고는 생각하지 않지만 필요 없는 것, 좋아하지 않는 것은 지니고 싶지 않았다.

도서관에서 정리에 관한 책을 몇 권 빌려왔다. 그리고 책 그대로 따라 하는 것이 아니라 남겨둘 것, 버릴 것은 어디까지나 나만의 원칙과 기준을 정했다. 가까운 장래에 당장 생을 마감할 것이라고는 생각하지 않지만 무슨 일이 일어날지는 모르는 것이다. 내가 떠난 후 이 방을 정리할 사람은 아이들이 될 것이다. 힘들게 하고 싶지 않다. 방 안이나 소지품들을 다시 검토하고, 적은 물건으로 심플하게 살아야겠다고 생각하게 되었다.

큰 가구부터 시작해 정리하기 쉬운 의류, 신발과 가방, 식기와 주방용품 등을 조금씩 버리면서 좋아하는 것, 필요한 것만을 남겼고 지금은 가지고 있는 것을 거의 파악할 수 있게 되었다.

내가 10대였던 시절에는 물건이 늘어나는 것을 모두가 행복하게 느꼈던 시대였다.

당시는 경제 고도 성장기였지만 그때까지만 해도 물건이 결코 풍족한 시대는 아니었다. 첫 TV, 첫 냉장고, 첫 세탁기가 집에 배달되었을 때의 놀라움과 기쁨은 말로 다 할 수 없을 정도였다.

가구와 전자제품, 옷과 신발 모두 만족스럽게 가진 적이 거의 없었고 새로 살 일도 드물었다. 초등학교 시절을 떠올려 봐도 설에 가족 모두가 새 옷을 장만할 수 있는 것이 큰 기쁨이었을 정도다. 요즘 젊은이들처럼 태어날 때부터 풍요 속에서 자란 세대와 달리 물건을 소유하는 것, 늘어나는 것의 행복을 아는 우리 세대는 물건을 줄이는 게

쉽지 않은 사람이 많을 것이다.

가지고 있는 것만으로 장소를 차지하는, 자주 사용하지 않는 주방용품이나 식기, 더 이상 입지 않는 옷과 들지 않는 가방, 신지 않는 신발 등등. 이런 물건들을 처분하는 것은 비교적 간단한 일처럼 생각될 수도 있다. 하지만 과거와 연결되어 지금의 자신을 만들어 준 것들을 정리하는 것은 어려운 일이다.

소중히 간직하고 싶은 추억의 물건, 좋아하는 식기나 잡화, 입으면 행복해지는 옷이나 가방과 신발 등은 나이가 들수록 늘어나는 것들이다. 하지만 그렇게 느낄 수 있다는 것은 매우 행복한 일이다. 나 역시 나의 사진이나 아이들 사진, 젊은 시절에 쓴 편지, 좋아하는 음악 CD는 아직 손대지 못하고 있다. 좀 더 나이가 들어 시간에 여유가 생기면 이것들도 정리해야겠다고 생각하고 있다. 중요한 것은 불필요한 것이나 좋아하지 않는 것들과 함께 살지 않는 것이다.

자신의 기준을 만들어 물건을 정리하다 보면 자연스럽게 좋아하는 것을 소중히 하는, 심플하지만 풍요로운 생활이 될 것이다. 혼자서 생활한다면 더욱 아무 장식도 하지 않은 텅 빈 방에서는 반드시 쓸쓸함을 느낄 것이다. 추억이 담긴 좋아하는 것들이 주변에 있다면 외롭다는 생각은 들지 않는다.

STYLE 5

혼자 옮길 수 없는 크고 무거운 가구도 정리

정리를 결정하고 나서 가장 먼저 가구부터 처분했다. 애초에 큰 가구도 없었지만 당장 없어도 곤란하지 않은 가구, 스스로 움직일 수 없는 무거운 가구는 처분해야겠다고 마

음먹었다. 나이가 들수록 체력이 떨어지고 힘도 없어지면서 점점 성가시다는 생각이 더할 것이었다.

처분 목록은 이랬다. 2인용 식탁과 의자 2개, 장식장, 4단 서랍장(옷장 대신), 큰 좌식 의자, 붙박이장 속 조립 선반. 가구의 배치를 바꾸고, 방의 인테리어 변화를 즐기던 시절이 거짓말 같았다. 그리고 이 정도 버리고 나니 방이 훨씬 넓고 시원해졌다. 대형 폐기물이어서 일 층 입구까지 운반하기가 여간 힘든 일이 아니었다. 지금 해 두길 잘했다고 생각한다.

방에 남긴 가구는 7개로, 앞으로 새롭게 가구를 늘리거나 바꾸는 일은 없을 것이다. 가능한 한 무겁고 큰 것은 두지 않으려 한다. 가구 배치는 10년 이상 동일. 다리가 있는 침대는 작고 압박감이 없어 방이 넓어 보인다. 당연히 작은 사이즈다. 원래는 침대 머리를 베란다 쪽에 두고 소파도 TV의 정면에 두었는데 가구들을 벽에 붙이고 사용하니 방의 중앙 공간이 넓어지고 방도 넓어 보인다.

자취를 하고 있지만 혼자 사는데다 하루 걸러 쇼핑을 하므로 큰 냉장고는 필요 없다. 게다가 공간을 고려해 전자레인지를 위에 놓아야 하기 때문에 작은 냉장고를 선택했다. 도어 포켓이 크고 냉동실이 아래쪽에 있어 사용이 편리하다.

체력이 점점 떨어지면서 소지품도 다시 한 번 검토했다. 첫 번째는 가방이었다. 젊은 시절처럼 무거운 브랜드 가방을 들 일도 없으므로 선택의 기준은 가벼운 것이 우선이었다. 작은 가방에 들어갈 수 있도록 내부 소지품을 정리하고 지갑이나 파우치도 가볍고 작은 것을 선택한다.

회사에 가지고 다니는 가방에는 도시락을 넣어 다닌다. 접이식 우산은 날씨에 따라, 작은 물통에는 아이스커피를 담아 다닌다. 자잘한 소지품은 파우치에 넣어 정리하면 가방 안에서 제각각 돌아다니는 것을 예방할 수 있다. 몇 년 전에 인터넷 경매 사이트(야후 옥션)에서 구입한 중고 핸드백도 애용한다. 자그마하지만 큰 바깥 포켓이 있고 손에 들 수도 있고 대각선 숄더 스트랩도 있어 편리하다. 또, 여러 칸으로 나누어져 있고 아코디언처럼 벌어지는 장지갑은 내부가 간결하게 정리되어 편리하다.

STYLE 6

평소에는 절약, 돈을 쓸 때는 쓴다

흔히 '분수에 맞게'라는 말을 하는데 앞으로의 생활에 필요한 것은 이 '분수'가 아닐까 하고 생각한다. 정규직으로 근무하던 시절과 달리 57세 이후에는 상여금도 없고

월급은 부쩍 줄어 저축도 거의 할 수 없게 되었다. 하지만 계획을 잘 세워 수입에 맞는 생활을 해왔다.

백엔숍이나 인터넷 경매 사이트를 이용해 쇼핑을 하고 6년 이상 계속해서 도서관을 이용하고 있다. 도서관은 신간을 읽기는 어려워도 모처럼 돈을 들여 사고 별로 재미가 없어 잘못 샀다는 생각을 하지 않아도 된다. 집 안에 책을 늘리지 않고도 눈을 사로잡은 책을 손쉽게 빌릴 수 있어 이용하지 않는 것이 오히려 손해가 아닐까 하고 생각한다. 나는 정리에 관한 책뿐 아니라 인테리어 교본이나 절약 관련 서적도 도서관을 이용해 읽었다.

그렇다고는 해도 절약이나 매달 들어가는 생활비만 생각한다면 하루하루가 즐거울 수 없다. 매일 혼자 하는 저렴한 식사라도 근처를 산책하다 맛있어 보이는 가게를 발견하면 들어가 보기도 하자. 가족이나 친구들을 만나 평소에 먹지 않는 조금 사치스러운 식사를 즐겨도 좋겠다. 도저히 참을 수 없다면 평소보다 비싼 옷이나 가방을 사기도 해보자. 평소에는 절약하며 살지만 때때로 '분수에 맞지 않는' 시간을 갖는 것도 필요하다고 생각한다. 그런 융통성 있는 금전 사용으로 한정된 예산 내에서도 불만 없이 지내고 있다.

STYLE 7

인터넷은 세계를 넓혀준다

인터넷은 없어서는 안 될 존재다. 기사를 써서 블로그에 올리기도 하고 20년 넘게 취미로 인터넷 경매 사이트도 이용하고 있다.

맛집이나 여행 투어를 검색하기도 하고 지도에서 장소를 확인하거나 최신 뉴스를 보기도 한다. 무언가 사려고 할 때 먼저 인터넷에서 종류와 가격을 검색한다. 이미지만으로 판단이 어려우면 매장에서 상품을 확인하고 인터넷에서 최저가 판매처를 찾기도 한다. 절약에도 도움이 되고 있다.

유튜브YouTube로 오래된 영화와 드라마를 찾아보거나 좋아했던 추억의 음악을 스피커에 연결해 듣는 등 무료로 즐길 수 있는 것들이 많다. 요즘에는 도서관의 예약 서비스를 편리하게 사용하고 있다. 읽고 싶었던 책을 검색해 예약 바구니에 넣으면 구내 어떤 도서관이든 가장 가까운 도서관에 가져다준다. 도착하면 이메일로 알려주고 보관기간도 일주일 정도기 때문에 휴일에 찾으러 갈 수도 있다. 인기 있는 책은 예약 중인 경우도 있지만, 몇 명이 대기하고 있는지도 알 수 있다.

집에 있을 때는 역시 화면이 큰 컴퓨터를 주로 사용하지만, 출퇴근 지하철 안이나 점심시간에는 스마트폰으로 뉴스를 보거나 친구와 SNS로 안부를 주고받기도 한다. 눈으로 확인하고 손으로 만지는 것이 중요할 때도 있지만 인터넷의 다양한 정보가 얼마나 도움이 되는지를 생각하면 앞으로 좀더 편리하게 사용할 작정이다.

원룸인 탓에 침실 이외에는 방 전체가 거실이라고 볼 수 있는데 소파와 테이블, TV를 놓은 공간은 3평 정도 된다. 소파침대라면 이 공간에서 생활할 수 있을 정도인데, 특히 휴일에는 오랜 시간을 보낸다. 아늑한 소파에 기대어 과자를 먹으면서 TV를 보고 책을 읽고 인터넷 검색을 한다. 더없이 행복한 시간이다. 이곳에서 음악을 듣기도 하고 식사를 하기도 한다. 느긋하게 휴식 시간을 즐기며 몸과 마음 모두 쉴 수 있는 장소다.

| 2 장 |

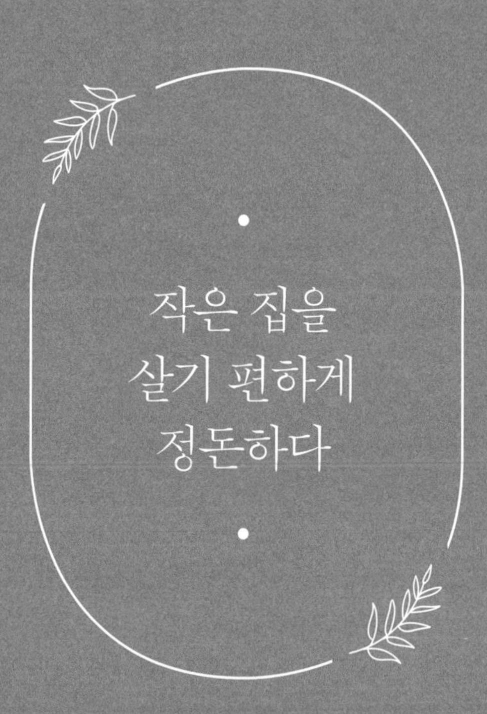

작은 집을 살기 편하게 정돈하다

STYLE 1

조금 특별한 우리 집 구조

내가 지금 살고 있는 집은 16년 전 구매한 방·거실·주방 등이 하나씩 있는 원룸형 아파트이다. 각 층에 면적과 방 배치가 서로 다른 세 가구가 있는 작은 아파트로 승강기

홀을 중심으로 모든 가구가 모서리에 면해 있어 복도와 주방, 욕실에도 창문이 있다.

남서향이라 아침과 달리 오후에는 해가 들어 밝고 건너편 아파트 사이로는 아름다운 저녁 노을이 보인다. 넓이는 13평 정도지만 현관에서부터 거실까지 이어지는 복도 면적이 불필요하게 넓다는 생각이 들었다. 침실 포함 거실 넓이는 실질적으로 약 8평으로, 거실이 더 넓었으면 하고 계속 못마땅하게 생각했다. 그런데 어느 날, 과거에 부동산 일을 했다는 가스 점검원이 이 복도를 보고 칭찬을 해 주었다

"이 복도, 밝고 공간적 여유가 있어서 매우 멋지네요. 현관하고 방이 바로 이어지지 않아 넓게 느껴져요."

그날 이후 다소 불필요한 공간이 있는 것도 좋을 수 있다는 생각을 하게 되었다. 지금은 이런 집 구조가 맘에 든다.

현관에서 복도로 들어서면 천이 드리워져 있는 공간이 나온다. 원래 이곳은 수납공간으로 어수선해 보여 원단을 구입해 가렸다. 이 안에는 아들이 묵을 때 사용하는 매

트리스와 선풍기, 휴지 등을 보관한다. 입주했을 때부터 사용하고 있는 거울은 벽면이 넓은 거실 입구에 걸어 포인트를 주었다. 현관 코너에는 3년 전 여동생과 갔던 여행지의 사자상 등 소품을 올려놓아 공간을 활용했다.

STYLE 2

거실은 몸과 마음이 쉬는 장소로

원룸인 탓에 침실 이외에는 방 전체가 거실이라고 볼 수 있는데 소파와 테이블, TV를 놓은 공간은 3평 정도 된다. 소파침대라면 이 공간에서 생활할 수 있을 정도인데,

특히 휴일에는 오랜 시간을 보낸다. 아늑한 소파에 기대어 과자를 먹으면서 TV를 보고 책을 읽고 인터넷 검색을 한다. 더없이 행복한 시간이다. 이곳에서 음악을 듣기도 하고 식사를 하기도 한다. 느긋하게 휴식 시간을 즐기며 몸과 마음 모두 쉴 수 있는 장소다.

바닥에 앉아 보내는 시간이 있기 때문에 러그는 필수다. 모로코 러그와 비슷한 문양으로, 바탕이 흰색이어서 쉽게 더러워지지만 촉감이 좋고 방의 포인트가 되어 마음에 든다.

소파

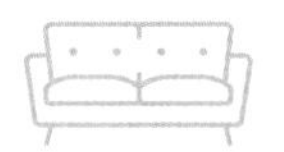

편안한 휴식을 위해 소파는 필수다. 2인용 소파를 사용하고 있는데 방이 넓게 보이도록 커버는 아이보리 색상으로 했다. 소파를 선택할 때 가장 중요하게 여기는 점은 커버를 떼어내 세탁을 할 수 있는가의 여부다. 그리고 등받이나 베개를 대신할 수 있도록 양 옆은 일체형 쿠션으로 되어 있어야 한다. 지금 소파는 재구매한 것으로 12년째 사용하고 있다.

첫 번째 소파는 우레탄 쿠션이었는데 4년 정도 사용한 후에 폭신폭신한 깃털 충전재 타입으로 교체했다. 조금 아까웠지만 커서 대형쓰레기로 처분하기도 힘들어, 직접 실어가는 조건으로 인터넷 경매 사이트에 내놓았다. 한 젊은 청년이 친구와 함께 작은 트럭을 가지고 인수하러 왔던 기억이 난다.

테이블

예전에는 소파 앞에 커피 테이블이 있었고 2인용 작은 식탁을 썼지만, 4년 전쯤 처음 가구를 정리하면서 모두 처분했다. 그 대신 인터넷 경매 사이트에서 지름 80cm, 높이 35cm 정도의 밥상 같은 호두나무 원형 테이블을 발견했다. 새 제품은 아니었지만 흠집도 없고 비교적 저렴한 가격에 구입할 수 있어 횡재한 느낌이었다. 전에 사용하던 커피 테이블도 원형이었지만 다리 4개가 방해가 되었다. 새로 살 때는 미국 TV드라마 〈섹스 앤 더 시티Sex And The City〉의 캐리 방의 테이블을 참고로 했다. 중앙에서 사방으로 퍼지는 다리가 깔끔해서 아주 마음에 들었다. 나이가 더 들어서 바닥에 앉는 것이 힘들어지면 소파 높이에 맞는 테이블로 교체할 생각이다. 그때는 북유럽 빈티지의 티크 테이블이 이상적일 것이다.

TV 거실장

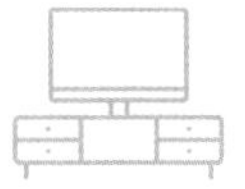

입주할 때 구입하여 지금껏 사용하고 있는 TV 거실장은 백화점 지하에 있는 인테리어 가게에서 구입했다. 폭이 1m인 어중간한 TV를 놓을 거치대로 딱 맞는 사이즈다. 깊고 큰 서랍과 DVD랙도 있어 편리하게 사용하고 있다. 그 백화점은 당시 인테리어 매장이 잘 갖추어져 있는데다 지하에는 멋진 가구들이 많았다.

지금은 도저히 살 수 없는 가격이었지만 짙은 갈색이

정말 마음에 들어 새 방에 둔다는 이유로 큰맘 먹고 산 것이다.

이동식 컴퓨터 책상

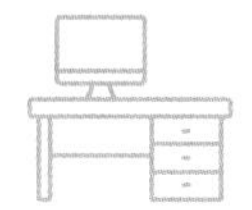

블로그를 작성하거나 인터넷을 보거나 음악을 들을 때 모두 컴퓨터를 사용한다. 소파에 앉아서 하는 경우가 대부분이기 때문에 높이 조절을 할 수 있는 책상을 10년 이상 사용하고 있다. 가능한 한 작은 크기를 찾다가 인터넷에서 발견했다. 바퀴가 달려 있고 노트북의 크기에 딱 알맞은 자그마한 크기라는 것도 마음에 든다.

단지 스테인리스 소재나 흰색이 다소 이질감을 주어 나뭇결 제품으로 바꾸고 싶다. 그런데 좀처럼 생각한 물건을 찾을 수가 없다. 그만큼 사용이 편리한 책상이다.

STYLE 3

침실 공간은 반투명 커튼으로 분리

침실로 사용하고 있는 방에는 원래 칸막이용 3단 접이식 문이 있었다. 하지만 혼자 생활하기 때문에 칸막이를 사용할 기회가 거의 없고 언제나 열린 채로 있었다. 두꺼운 목재에 작게 쪼갠 불투명 유리가 끼워진 접이문은 접으면 폭이 꽤 넓었다. 그만큼의 공간을 넓게 사용하고 싶은 생각에 약 10년 전쯤 큰맘 먹고 전문가를 불러 떼어냈다. 정말 괜찮겠냐고, 좀 아깝다고 했다. 만약 이 집을 팔게 되면 확실히 칸막이가 없는 것이 큰 마이너스가 될지도 모른다. 그렇게 생각하니 조금 후회도 되었지만, 결과적으로는 떼어내길 잘했다!

침실은 3평 정도인데 약 5평의 거실과 주방을 접이문이 가로막으니 답답하고 압박감이 들었다. 문을 제거하고 원룸이 되자 집 안 어디에 있든 TV와 벽에 건 시계를 볼 수 있게 됐다. 다만, 집에 들어서자마자 침대가 환히 보이는 것이 조금 신경쓰이기는 했다.

파티션을 놓으려고 찾아보았지만 크기와 디자인과 거기다 가격까지 적당한 것은 찾을 수가 없었다. 찾는다 해도 크고 방해가 될 것이란 생각에 천을 위에서 늘어뜨리는 방법이 떠올랐고 마침내 인터넷에서 폭 140cm의 커튼을 찾을 수 있었다.

이탈리아산이지만 가격이 저렴하고 길이가 꽤 길어 끝자락을 접어 딱 좋은 길이로 손질했다. 불투명 유리와 같이 비치는 소재로, 색도 아이보리라 부드럽고 보기에도 무겁지 않아 파티션 기능을 제대로 하고 있다.

가벼운 침대

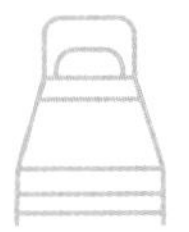

현재 낮은 다리가 달린 침대를 세 번째 사용하고 있다. 처음에는 5년 정도 사용한 뒤 가운데 부분이 가라앉아 교체했고, 두 번째도 역시 5년 정도 지나자 중앙이 주저앉아 바꿨다. 엉덩이와 배, 허리 부위의 무게 때문이었을까?

침대는 소모품이라고 포기하고 세 번째는 좀더 저렴한 것으로 구입했다. 침실 벽이 직각이 아니라 비스듬하기 때문에 헤드보드가 없는 침대를 선택했다. 덕분에 침대라는 느낌이 없이 깔끔해서 원룸으로 생활하는 집에는 안성맞춤이다. 나무로 된 무거운 헤드보드나 프레임이 없어 가볍고 옮기기도 편하다.

침대에 달린 다리는 12cm. 이것은 첫 제품부터 동일한 것을 사용하면서 매트리스만을 교체하고 있다. 지금 쓰는 침대는 주중 무료 배송과 구제품 수거 캠페인 중에 구입했기 때문에 교체가 쉬웠다.

침대 커버는 약 30년 전에 산 멀티커버로 인도산 면제품이다. 튼튼해서 오래 사용하고 있다. 이불커버는 입주 시에 구입한 한정 컬러 제품으로, 지금은 더 이상 판매하지 않아 아쉽다. 많이 퇴색했지만 천이 튼튼해서 아직 한참 쓸 수 있을 듯하다. 베개커버는 복도의 수납용 가림막으로 사용한 원단 자투리로 만들었는데, 봉투 모양으로 간단하게 바느질했을 뿐이다.

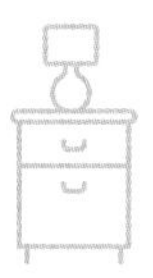

나이트 테이블과 스탠드

젊은 시절부터 일찍 일어나기도, 밤늦게까지 깨어 있기도 모두 힘든 편이라 남들보다 많은 시간을 잠에 할애하지 않으면 좋은 컨디션을 유지할 수 없었다. 또 자기 전에 책 읽기를 즐기기 때문에 10시 반에서 11시 사이에는 잠자리에 든다. 하루를 마무리하며 30분에서 1시간 정도는 침대에서 독서하는 것이 독신 생활의 행복이다.

머리맡에는 나이트 테이블을 두었는데 모서리 벽에 맞추어 작은 것을 찾았다. 이 나이트 테이블은 4년 전쯤 인터넷 경매 사이트에서 발견한 것으로, 새 제품인데도 저렴한 가격에 낙찰받았다. 게다가 집에서 받아 보니 너비 33cm, 높이 45cm의 자그마한 크기로 아주 적당한 사이즈였다. 뒤쪽에는 콘센트를 꽂을 수 있게 되어 있어서 더욱 맘에 들었다. 콘센트가 장착되어 있으면 나이트 스탠드와 스마트폰 충전에도 사용할 수 있어 매우 편리하다. 나이트 테이블 서랍에는 핸드크림과 파우치를, 안쪽에는 재해 대비용 비닐봉투를 넣어둔다.

테이블 위에는 나이트 스탠드, 알람시계, 작은 손전등, 책, 독서를 위한 안경을 둔다. 잠자기 전에는 스마트폰을 충전하고 이것들 외에는 놓아두지 않는다.

나이트 스탠드는 이 집에 입주했을 때 산 것이다. 밝기를 조절할 수 있고 각도도 바꿀 수 있기 때문에 자기 전 침대에서 책읽기가 습관인 나에게는 매우 편리한 물건이다. 16년째 쓰고 있는데 복고풍 분위기가 질리지 않고 가끔 전등갓을 분리해 세척하며 소중하게 사용하고 있다. 빛이 부드러워 간접 조명으로도 사용하기 좋다.

STYLE 4

여러 역할을 해내는 서랍 달린 책상

5년 전쯤, 북유럽 잡화점에 있던 이 책상을 보고 첫눈에 반해버렸다. 그리고 이를 계기로 북유럽 인테리어를 동경하게 되었다. 그때까지는 복고풍의 클래식한 인테리어를 좋아해 짙은 갈색의 가구를 선호했다. 그런데 빈티지 느낌을 주는 진하지도 가볍지도 않은 갈색의 나뭇결에 매료된 것이다.

옛날부터 책상을 좋아해 결혼했을 때도 작은 것을 샀는데 어디까지나 책상 기능이 전부였다. 그런데 이것은 서랍장과 책상, 장식장까지 되는 다기능 제품으로 작은 방에도 잘 어울릴 것 같았다. 때마침 방 정리를 시작한 시기이기도 했다.

전에는 침대 한쪽 구석에 4단 서랍장, 그 위에 거울, 소품과 잡화를 장식하는 트레이식 미니 테이블은 소파 옆에 있었다. 그것들을 모두 처분하고 대신에 이 책상 하나만 들이면 방이 넓어질 것이란 생각이 들었다.

당시 막 파트타이머로 전환한 시기라 나에게는 분명 사치품이었다. 때문에 달리 방법이 없어 단념하고 있었는데 2년이 지나도 갖고 싶은 마음은 변하지 않았다. 그동안 인터넷에서 빈티지 숍과 북유럽 블로그를 체크했다. 비슷한 다른 제품들도 둘러봤지만 너비도 높이도 서랍의 수도 제각각이고 거울이 있는 등 디자인도 매우 다양했다. 역시 인기 제품은 가격이 비싸 고민하는 사이에 팔린 경우도 있었다.

그러던 중 마침내 둘째 아들이 인터넷 경매 사이트에서 발견해 겨우 만나게 된 나의 책상(일명 뷰로). 크기도 디자인도 이상적이었다. 왼쪽 사이드에 작은 3단 서랍이 있어 매우 편리하다. 이전에 유지관리가 잘 안되었던지 맨 위 서랍의 받침대가 헐거워 여는 데 요령이 필요하다. 이곳에는 평소 잘 사용하지 않는 물건을 넣어둔다. 타월 손수건, 계절에 맞지 않는 장갑이나 부채 등. 세 번째 서랍에는 베개 커버, 실내복 겸 잠옷, 오른쪽은 나일론 파우치류, 큼직한 두루주머니, 스카프류. 여행이나 목욕탕에 갈 때 갈아입을 옷을 넣는다.

이전에 사용하던 4단 서랍장에 비해 서랍은 3단뿐이고 높이도 낮아 수납 기능이 떨어지는데, 덕분에 그만큼 물건도 많이 처분할 수 있어 다행이었다. 나와 비슷한 시기에 태어난 이 가구가 나는 가본 적도 없는 머나먼 덴마크에서부터 다른 사람의 손을 거쳐 여기까지 왔다고 생각하니 더욱 애착이 갔다. 가구는 좋아하는 사람에게는 생애 소장품 그 이상의 가치가 있기 때문에 큰맘 먹고 구입하길 잘했다고 생각한다.

가까이서 아로마 향기를 즐기면서 밤에는 글을 쓰거나 아침에는 화장을 하기도 한다. 일상의 생활에 도움이 되고 있다. 가계부나 식단을 고려해 쓰는 쇼핑리스트, 가끔 쓰는 메시지 카드 등 글을 쓰는 작업은 웬일인지 의자에 앉아서 하고 싶다. 전에는 식탁을 사용했지만 이 책상은 바로 눈앞 선반에 노트와 펜이 모두 있어 편리하다. 화장을 위한 작은 거울과 파우치도 놓아두었다. 평소 테이블 부분은 깨끗하게 정리해 두고 사용할 때 꺼내어 쓰는 설렘도 좋아하는 이유 중 하나다. 한편, 이 책상에 어울리게 갖고 싶어진 것이 작은 스탠드. 비싸긴 했지만 카드 포인트를 사용해 반값 정도로 구입할 수 있었다.

이 책상을 구입한 후, 북유럽 인테리어에 푹 빠진 나는 빈티지 미니 서랍장을 하나 더 갖고 싶어졌다. 거실의 입구에 두고 가방을 놓거나 서랍에는 서류 등을 수납하고 싶었다. 그런데 그다지 실용적이지 않은데다 장식장으로 사용할 것이라면 가구를 처분한 의미가 없지 않은가.

거실 입구 공간에 물건을 두고 싶지 않다는 생각을 하기 시작하면서 2년간 품어왔던 마음이 지금은 식어 버렸다. 언젠가 또 갖고 싶어질지도 모르지만 그때는 그때 가서 다시 잘 생각해 보려 한다.

그리고 북유럽 인테리어를 동경한다 해도 지금 처한 환경에서 자신에게 맞게 좋아하는 물건을 잘 조화시킨 인테리어가 최고다. 40대 시절 좋아했던 여름의 뜨거운 태양을 연상시키는 아시안 잡화나 계속 좋아했던 모로코 문양도 인테리어에 활용하고 있다.

책상 의자로 사용하는 것은 티크가 아니라 30년 이상 사용한 등나무 의자다. 친구와 놀러 간 여행지에서 발견하고 이것도 첫눈에 반해 버렸다. 식탁 세트로 판매되고 있었지만, 집에 있는 소나무 테이블을 좋아했기 때문에 의자 4개만 구입했다. 오랜 세월을 지나며 남은 것은 하나뿐으로, 최근에 등가구는 잘 볼 수 없는데 가벼워 청소할 때도 편하다. 등나무 의자의 쿠션커버는 15년 정도 전에 사이즈가 맞지 않아 입을 수 없게 된 타이트 스커트를 재활용 한 것이다. 실크라서 감촉도 좋고 마음에 든다.

STYLE 5

힐링을 위한 식물은 필수

집에 식물은 반드시 필요하다. 거실에 있는 유카yucca는 고교시절 친구가 준 집들이 선물이다. 예전에는 방에 가구도 많고 처음에는 더 작았기 때문에 현관 복도에 놓았다가

커지면서 베란다로 옮겼다.

워낙 줄기가 크게 자라고 잎이 무성해져 중간에 한 번 가지치기를 했고 거실 가구를 처분한 뒤에는 방으로 다시 들였다. 그 사이 서너 차례 큰 화분으로 갈아주었고 16년간 시드는 일 한 번 없어 지금은 늘 눈이 가는 소파 옆에 놓아두었다. 좀 더 세련된 화분으로 옮겨 심으려 생각 중이다.

주방의 작은 창은 마음에 드는 장소다. 작은 화분들을 나란히 놓고, 요리를 할 때도 바라보며 힐링의 시간을 갖는다. 작은 화분들은 비싼 건 없고 선인장 2개와 작은 인삼 벤자민 정도다.

이 외에도 그때그때 작은 꽃 화분을 놓아두고 그 색을 즐기고 있다. 물건의 가짓수가 심플한 집이므로 식물의 초록색이 더욱 필요하다고 생각한다.

잡화점에서 산 물병을 꽃병 대신으로 쓰고 창문에는 마다가스카르 자스민 행잉 플랜터를 장식해 덩굴이 좋아하는 방향으로 뻗는 것을 즐기고 있다. 하얀 꽃이 피는데 향이 좋아 기분이 좋아진다.

STYLE 6

추억이 담긴 소품들을 바라보는 행복

바닥에 놓는 가구를 줄이다 보니 방이 너무 심플해져서 마음이 편치 않고 내 방 같지 않았다. 그래서 장소를 정하고 좋아하는 물건, 소중한 추억의 물건을 장식한 뒤 그것들을

바라보며 즐기기로 했다.

거실의 중앙 기둥에는 직접 손으로 만든 작은 선반을 2개 걸고 추억이 담긴 물건들을 장식했다. 폐자재를 이용한 작은 장식선반은 인터넷 경매 사이트에서 찾았다. 아들이 주는 선물이나 여행 기념품 등 하나하나에 추억이 담겨 있다. 소파 옆 주방 뒤쪽 선반에는 아이들의 어릴 적 사진을 두었다. 이와 함께 행복한 얼굴을 하고 계신 아버지의 사진도. 벽에는 둘째 아들이 중학교 미술 시간에 만든 작품들을 걸어놓았다.

아이들의 어린 시절 사진은 워낙 많으므로 그중에서 몇 장을 골라 때때로 갈아 끼우고 있다. 소파에 앉아 항상 사랑하는 이들의 사진을 바라보고 있어서인지, 아이들이 몇 살이 되어도 여전히 어린아이로 대하는 것 같다. 책상 위에는 그리운 이글스의 LP 레코드를 두었다. 수많은 앨범들은 신발장의 선반에 보관하고 있다.

현관 선반에는 큰아이가 중학생 때 그린 그림과 함께 여동생과 간 여행지에서 사온 희귀한 색채의 사자상이 여러 해 동안 변함없이 놓여 있다. 나이가 든 만큼 추억도 많다. 바라보고 있으면 그리움이 느껴지고 그때그때의 에피소드가 스쳐간다. 언제까지고 소중하게 간직해 두고 싶은 것들이다. 이렇게 추억에 둘러싸여 있으면 외로움을 전혀 느끼지 않을 것이다.

젊어서는 쇼핑과 멋내기를 무척 좋아했다. 주변 사람들이 내가 입고 있는 옷을 칭찬하는 것이 기뻐 나만을 위해서가 아니라 다른 사람들에게 보여 주기 위해서도 멋을 내곤 했다. 하지만 나이를 먹어감에 따라 젊었을 때와 달리 갖고 싶은 것도 줄고 무엇을 입든 어울리는 것도 아니어서 생각처럼 나 자신을 꾸밀 수도 없었다. 그렇다고는 해도 아무 옷이나 걸치면 어때, 라는 생각은 하고 싶지 않다. 나 자신을 위해서, 나 자신의 기분이 좋아지기 위해 멋에 대한 욕심은 버리고 싶지 않다.

| 3장 |

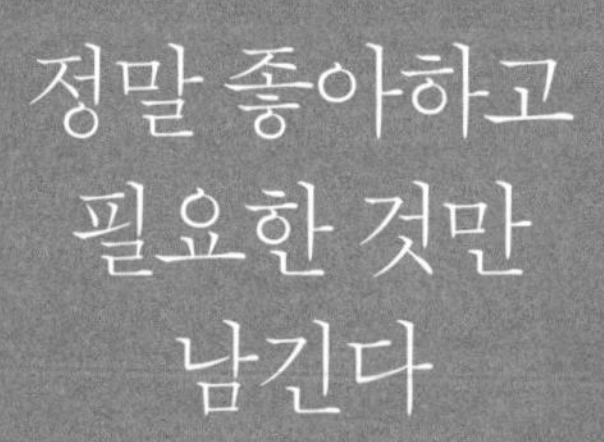

정말 좋아하고 필요한 것만 남긴다

STYLE 1

천천히 해 온 물건 정리의 일단락

필요한 것만 지니는 심플한 생활을 하려고 마음먹었을 때 필요 없는 것, 사용하지 않는 것이 너무 많은 사실에 놀랐다. 차마 처분하지 못하는 물건들도 막상 없다고 해도 불편

할 게 없는 것들이 공간을 얼마나 낭비해 왔는지를 깨달았다.

넓은 집이라면 가구 하나 늘어도 큰 문제가 되지 않을 것이다. 하지만 좁은 집에서는 작은 가구 하나라도 정리하면 생각보다 깔끔해지고 무엇보다 청소가 편해진다. 입지 않는 옷으로 서랍 속을 채우기보다 여유가 있는 편이 사용하기도 쉽다. 옷장 속의 행거에도 빈틈없이 빼곡하게 걸어 놓기보다 여유가 있는 편이 한눈에 무엇이 있는지 알 수 있어 좋다. 주름도 가지 않을뿐더러 옷 하나하나를 소중히 다루는 기분이 든다.

옷이나 가방, 구두를 정리하고 식기도 줄이는 일은 생각보다 간단치 않았다. 도저히 한 번에 할 수 없어 그럴 마음이 들 때마다 하다 보니 2년도 더 넘게 걸려 지금의 상태가 되었다. 최근에서야 스스로 가장 좋은 상태로 안정되었다고 생각하고 있지만, 기분이나 환경에 변화가 생기면 앞으로도 계속해서 점검해 나갈 것이다.

필요 없다고 생각하면서도 버릴 수 없는 것이 있다. 빨래와 청소를 편하게 하기 위해 매트 종류를 없애기로 하고 주방과 화장실의 매트는 깨끗하게 처분했지만 현관 매트는 추억이 담긴 것이라서 남겨두었다. 한 쇼핑몰에서 첫눈에 반해 구입한 뒤 이 집에 살며 계속 사용해왔다. 처분하지 않고 넣어두었다가 물건 정리를 계속하면서, 단순히 줄이는 것에만 애쓰는 것은 의미가 없다는 것을 깨닫고 다시 사용하기로 했다.

집에 돌아왔을 때 맨바닥보다 부드럽게 발을 얹을 수 있는 매트는 20년이 지나도 질리지 않는 색과 무늬여서 볼 때마다 기분이 좋다.

STYLE 2

있으면 편리할 것 같은 물건, 없어도 괜찮다

백엔숍을 자주 이용하는데 꼭 필요한 것만 산다. 이것저것 보고 있으면 특히 주방용품이나 청소용품들은 편리할 것 같아 사고 싶어진다. 쇼핑 당시는 편리하고 좋을 것 같아 구입하지만 한두 번 사용하고 그대로 내버려 둔 경험이 많다. 있으면 편리할 거라고 생각되는 것은 없어도 잘 지내왔으니까 사실은 필요가 없는 것이다. 요즘은 없으면 곤란할 것들만 사는 습관을 들이고 있다.

필요 없는 물건을 늘리는 것뿐 아니라 돈을 쓸데없이 버리는 일은 하고 싶지 않다. 주방가전 중에서는 믹서와 커피메이커를 처분했다. 둘 다 경품으로 받은 것인데 자리도 크게 차지하고 색깔도 내 취향이 아니었다. 몇 년 동안 가끔 사용했지만 없어도 될 것 같아서 버렸다. 실제로 없는데도 전혀 곤란한 일은 없다.

반대로, 버리고 나서는 '역시 필요하다'라고 느껴 다시 산 토스터가 있다. 크기가 작고 타이머만 있는 심플한 디자인인데 밥솥도 같은 시리즈다. 오븐레인지로 빵을 구울 수 있어 그걸로 충분하다고 생각했다. 하지만 아침에 빵을 굽고 있는 동안은 레인지를 사용할 수가 없고 빵을 구운 뒤에는 내부가 너무 뜨거워 한참을 더 사용하지 못한다. 그리고 무엇보다 역시 토스터로 구웠을 때 맛이 훨씬 좋다.

처분한 토스터는 색상도 좋아하는 것이 아니었고 가격도 저렴했지만 몇 년이나 사용했다. 버린 것은 후회하지 않지만 무엇이 내 생활에 필요하고 불필요한 것인지 아는 계기가 되었다.

STYLE 3

;

옷장에는 계속 입고 싶은 옷들만

혼자 살기의 시작은 적은 가짓수의 한정된 옷과 함께였지만, 옷을 좋아하고 영업일을 하는 탓에 아마도 다른 사람들에 비해 옷을 많이 가지고 있었던 것 같다. 지금 살고 있는

집은 크지가 않아 넓어 보이게 하려고 애초에 키 큰 가구는 두고 싶지 않았으므로 장롱이나 옷걸이는 마련하지 않았다.

옷을 모두 붙박이장에 수납하려고 '하나 사면 기존의 것 하나 버리기'를 결정, 한동안은 이를 실천했다. 하지만 점차 새 옷을 구입하고도 있는 옷을 버리기가 쉽지 않아 붙박이장이 꽉 차고 말았다.

그러다가 회사를 그만두고 유니폼을 입는 아르바이트를 하게 되었기 때문에 여러 벌의 옷이 필요하지 않게 되었다. 영업일을 하던 시절의 정장이나 재킷을 처분한 뒤 출퇴근용 옷을 계절별로 유니폼화하여 많지 않은 옷으로도 충분히 소화할 수 있게 되었다. 그런데 직장에서 유니폼으로 갈아입기 때문에 출퇴근용과 휴일용 옷을 구별할 필요가 없음을 작년 여름에서야 깨달았다. 직장에서 입는 옷이라는 큰 틀에서의 유니폼화를 그만두자 한층 더 옷의 가짓수를 줄일 수 있었다.

젊어서는 쇼핑과 멋내기를 무척 좋아했다. 주변 사람들이 내가 입고 있는 옷을 칭찬하는 것이 기뻐 나만을 위해서가 아니라 다른 사람들에게 보여주기 위해서도 멋을 내곤 했다. 하지만 나이를 먹어감에 따라 젊었을 때와 달리 갖고 싶은 것도 줄고 무엇을 입든 어울리는 것도 아니어서 생각처럼 나 자신을 꾸밀 수도 없었다. 그렇다고는 해도 아무 옷이나 걸치면 어때, 라는 생각은 하고 싶지 않다. 나 자신을 위해서, 나 자신의 기분이 좋아지기 위해 멋에 대한 욕심은 버리고 싶지 않다.

지금 옷장에 있는 옷들은 모두 좋아하는 것들로, 앞으로도 계속 입고 싶은 것들뿐이다. 여름·겨울 스커트, 니트, 코트 등 가지고 있는 옷들을 파악해 두려 노력하고 있다. 옷장에 수납할 때 윗옷은 모두 옷장 행거에 걸어둔다. 철이 지난 옷은 서랍장의 서랍에, 바지류는 잘 개서 꺼내기 쉬운 서랍장의 하단에 포개어 수납해 둔다.

망설여지면 여행 가방에 일시 보류

비싸게 사서 아깝다거나 또 입을지도 모른다거나 하여 버려야 할지 남겨 두어야 할지 망설여지는 옷들도 많

다. 그럴 때는 바로 결정하지 않고 일시 보류하는 차원에서 여행 가방에 넣어둔다. 정기적으로 꺼내 보았을 때 좀처럼 버릴 마음이 들지 않고 애착이 가서 다시 챙기게 되는 옷도 있다. 일 년에 두세 번 열어보면 가지고 있던 사실조차 잊고 있던 옷들일 것이고 그때 처분하면 된다. 그리고 그때도 망설여지는 옷은 그대로 다시 가방에 넣어둔다. 가방 속이 텅 빌 때는 없지만 낡은 옷들은 점차 줄어간다.

옷들을 처분하는 이유는 각각 다르다. 예를 들어 5년 정도 입은 봄여름 스커트들은 사이즈가 맞지 않아서, 바지는 유행 지난 길이 때문에 처분했다. 또 5년 이상 입은 윗옷들은 너무 구깃구깃하여 처분, 트렌치코트를 좋아하지만 나이를 먹으면서 위화감을 느끼게 되어 처분, 출퇴근용으로 길이가 무릎 위까지 오는 겨울 스커트는 유니폼으로 갈아입으므로 필요가 없다고 판단해 처분했다.

그 밖에 세탁할 수 없는 실크 소재가 여름철 옷으로는 적합하지 않아 두 번 입고 처분했고, 영업직 시절 즐겨 입던 재킷은 또 입지 않을까 생각했지만 6년 동안 한 번도 입지 않아 처분했다.

현재 갖고 있는 옷

[겨울 옷]

- 윗옷
  스웨터류 5벌
  니트 튜닉 4벌
- 스커트 2벌

[여름 옷]

- 얇은 겉옷(초여름) 3벌
- 윗옷
  반소매 블라우스, 티셔츠 6벌
  반소매 튜닉 4벌
- 스커트, 가우초팬츠 4벌
- 드레스 1벌
- 바지류 3벌

[봄가을 옷]

- 윗옷(Top)
  긴소매 면니트 4벌
  긴소매 튜닉 2벌
- 드레스 1벌
- 바지류 3벌

[팬츠류]

- 청바지 1벌, 기타 4벌

[코트 외]

- 겨울 코트 5벌
- 봄가을 코트
- 카디건, 재킷 4벌
- 상복, 상복용 코트 각 1벌

큰 정리는 끝났지만, 그래도 아직 불필요한 것들이 많으므로 지금은 하루 한 가지 버리기를 실천하고 있다. 평소 눈에 잘 띄지 않는 서랍 속이나 주방 수납장, 현관 수납공간 속의 사용하지 않는 낡은 것, 소소한 것 등등. 찾아보면 의외로 버리지 않고 있는 것들이 많아 게임처럼 즐기고 있다. 매일은 하지 못해도 늘 의식하고 있으면 서랍 속도 점차 정돈되어 갈 것이다.

STYLE 4

좋은 옷을 사고 싶을 때는 인터넷을 이용

10대 때부터 꾸미는 것을 좋아해 40세가 될 때까지 옷과 가방 모두 상상할 수 없을 정도로 많이 샀다. 지금까지 산 옷을 다 모아 두었다면 한 방 가득 옷더미에 묻혀 버릴 정도

일 것이다. 독신 생활을 시작하고 절약을 하면서 가짓수는 많지 않아도 정말로 마음에 드는 소재의 좋은 옷을 입는 것이 더 멋지다는 생각이 들기 시작했다. 그런데 그런 옷은 놀라울 만큼 비싸다 보니 입고 싶은 마음이 들면 제일 먼저 인터넷 경매 사이트에서 찾게 되었다. 그렇게 된 지도 벌써 15년이나 됐다.

인터넷 경매 사이트을 이용하면 젊었을 때의 나처럼 유행에 민감하고 매년 옷을 새로 구입하는 여성이 두세 번만 입고 내놓은 옷을 20~30%의 가격으로 살 수 있다. 이런 좋은 기회를 그냥 지나칠 수가 없는 것이다.

그리고 내 나이가 되면 자신에게 어울리는 옷, 좋아하는 옷도 알게 되므로 그다지 유행을 따를 필요가 없어진다. 젊은 사람이 더 이상 입지 않는 몇 년 전 옷을 인터넷 경매 사이트에 내놓는 것은 매우 고마운 일이며 서로에게도 이익이다. 또한 환경을 보호하는 일의 하나라고 생각한다.

특히 영업 업무를 할 때는 세련되고 질 좋은 옷을 입으면 의욕이 솟기 때문에 온라인을 통한 옷 구매는 꼭 필요했다. 일에 쫓겨 바쁘고 그다지 즐거움도 없던 당시에 인터넷으로 하는 쇼핑은 스트레스 해소도 되고 나만의 취미이기도 했다.

누가 입었는지 모르는 옷을 어떻게 입냐고 생각할 수도 있겠지만, 상점이 아닌 개인의 소장품에서 새 제품 혹은 그에 가까운 상태의 것을 찾는 것이라 오히려 괜찮다고 생각한다. 과거의 이력이나 판매 물품을 보면 어떤 취향을 가진 사람인지 알 수 있으므로 안심하고 사도 된다.

나는 옷을 선택할 때 색상과 디자인은 물론 소재를 중요하게 생각한다. 그리고 마감이나 착용감도. 가끔 좋아하는 브랜드의 물건을 매장에서 체크하고 실물을 봐두기도 한다. 저가의 옷은 젊은 사람처럼 멋스럽게 입을 수가 없다. 역시 오래 입을 것을 전제로 만들어진 질 좋은 브랜드 숍의 옷이 좋다.

매장에서는 도저히 살 수 없는 가격의 옷도 인터넷에서라면 패스트 패션의 가격으로 살 수 있다. 때문에 좋은 물건을 싸게 샀다는 만족감도 느낄 수 있다.

여름에는 주름이 잘 안 가고 잘 마르는 폴리에스테르

제품도 입지만 역시 마와 면 소재를, 겨울에는 양털과 알파카, 캐시미어 등의 천연 소재를 좋아한다. 특히 코트는 오래 입고 싶어 망설임 없이 소재가 좋고 모양이 예쁜 것을 찾는다. 울에 캐시미어나 알파카가 혼합된 소재를 좋아한다. 스웨터도 마찬가지. 그리고 세탁은 물빨래를 선호하는 편이라 캐시미어나 마 재질의 옷도 코트 이외는 드라이클리닝을 하지 않는다.

물로 세탁을 하면 촉감은 다소 떨어지더라도 기분 좋게 입을 수 있다. 세탁 표시를 무시했다가 실패한 적도 있지만 살 때는 집에서 빨 수 있는지의 여부를 확인하고 나서 사는 편이다.

소재나 마감이 꼼꼼하게 잘 되어 있는 좋은 옷은 오래 입을 수 있지만 니트 등은 보풀이 생기기 쉬워 보풀제거기는 필수품이다. 팔의 안쪽이나 허리 주변은 스쳐서 보풀이 생기기 쉬운데, 보풀만 제거하면 니트가 새것이 된다. 보풀제거기는 여러 해 동안 애용하고 있는데, 콘센트에 연결하는 타입이 파워가 일정하여 사용하기 편하다.

그러나 바지 종류는 온라인으로 구입하지 않는다. 바

지는 사이즈 표기만으로는 알 수 없기 때문에 반드시 입어 보고 산다. 바지는 청바지나 튜닉에 맞춘 슬림 팬츠가 대부분으로 SPA 브랜드도 종종 구입한다.

인터넷 경매 사이트는 옷 구입할 때만 이용하는 것은 아니다. 대부분의 가구도 시가보다 훨씬 싸게 낙찰받은 것들이다.

STYLE 5

가방도 인터넷으로 좋은 제품을 구입

가방을 좋아하는 취향은 나이가 들어도 변하지 않았지만, 꽤 줄여서 지금은 사용하는 것만 지니고 있다. 사고 싶은 가방은 비쌀뿐더러 마음에 드는 것을 찾느라 이 가게

저 가게를 돌아다니는 것도 피곤하다. 그리고 이제는 한눈에 봐도 새로 산 것임이 분명한 새 가방을 드는 일이 쑥스럽다. 인터넷 경매 사이트나 중고 매매 사이트를 통해 몇 번 사용하지 않은 흠집 없는 가방을 찾는다. 가방을 좋아하는 만큼 내 나름대로 중요하게 생각하는 기준들도 있다. 키워드를 넣으면 많은 상품을 한 번에 볼 수 있다는 점도 편리하다.

예전에는 명품백을 좋아했지만, 지금은 브랜드보다 가죽의 질감과 무게, 수납과 편리성 등을 고려해 선택한다. 가볍고 튼튼한 산양 가죽이나 버팔로 가죽을 좋아한다. 현재 가죽 백 3개, 휴일용 나일론 가방 4개를 가지고 있는데 출퇴근용, 휴일 외출용, 자전거용, 쇼핑용 등 용도에 따라 7개의 가방을 번갈아 잘 사용하고 있다.

인터넷 경매 사이트나 중고 매매 사이트에서 구입해도 새 물건이거나 거의 사용하지 않은 것들이다. 그 가운데 출퇴근용 백은 중고 매매 사이트에서 새 제품과 같은 것을 저렴한 가격에 구입했다. 산양 가죽으로 만들어져 가볍다.

솔직히 지금까지 옷이나 가방을 구입해 실패한 경험도 많았다. 하지만 그것이 공부가 되어 지금은 영상이나 상품 설명, 평가 등을 꼼꼼히 보며 신중하게 선택할 수 있게 되었다. 때때로 처음으로 사용하는 '새것'을 고집하는 경우도 있다. 이럴 때는 쓸 수 있는 돈과의 균형을 생각하면서 산 뒤에 오랫동안 잘 쓰려고 생각한다.

STYLE 6

같은 타입의 구두가 네 켤레인 이유

옷이나 가방은 인터넷 경매 사이트나 중고 매매 사이트에서 사지만 신발만은 반드시 오프라인 매장을 방문해 구입한다. 인터넷에서 구매한 적이 없다. 같은 사이즈라도 구두골(발 모양을 본뜬 틀-역주)이 달라 운동화조차도 느슨하거나 꽉 끼는 등 착화감이 다르기 마련이다. 꼭 매장에서 신어보고 구매하고 있다.

옷이나 가방은 중고라도 상관없지만, 신발은 누군가가 신던 것은 안 된다. 나의 발모양은 조금 특이하여 맞는 신발을 찾는 데 오래전부터 고생을 했다. 그래서 마음에 드는 신발을 찾으면 똑같은 것 혹은 같은 디자인에 색상만 다른 것을 더 사는 경우가 많다.

최근 몇 년간은 낮은 구두조차 신지 않으면서 스니커 스타일의 가벼운 가죽 신발을 주로 신고 있다. 즐겨 신는 두 켤레의 네이비 컬러 가죽 신발은 가볍고 신기 편해 계속해서 같은 제품을 구입하고 있다. 다른 두 켤레는 거의 같은 형태의 색상이 다른 것. 이 중 오래 신은 신발은 더러워져도 괜찮으므로 산책용으로 이용하고 있다.

메달리온 디자인의 검은색 구두는 재작년에 백화점 세일 때 반값 이하로 산 것이다. 이것도 신기 편하고 마음에 들어서 작년에 세일을 할 때 흰색을 하나 더 구입했다.

두 켤레를 합쳐도 한 켤레 가격도 안 되는 수준에 살 수 있었다. 단, 캐주얼한 신발만으로는 불안하여 굽이 낮은 구두도 두 켤레 가지고 있다. 한 켤레는 바닥이 평평하고 걷기 편해 영업직 시절에 자주 신었다. 디자인도 마음에 들어서 포기할 수가 없는 신발이다. 다른 한 켤레는 벌써 10년도 더 전에 마음에 들어 두 켤레를 샀다. 한 켤레는 신어서 형태가 다 일그러졌는데 다른 한 켤레는 아끼며 안 신는 사이 운동화를 즐겨 신게 되었다. 하지만 제대로 된 신발 하나 정도 가지고 있으면 안심이 된다.

검은색 구두는 꽤 옛날에 산 것이라 한 켤레 좋은 것을 사고 싶은데 장례식 참석 등 별로 자주 신지 않아서인지 자꾸만 잊어버리곤 한다. 사고 싶은 물품 리스트에 적어두는 것이 좋겠다. 한편 젊어서부터 롱부츠를 좋아해 매년 구입했는데, 최근에는 바지와 긴 스커트를 입게 되면서 롱부츠를 신는 일이 거의 없어졌다. 조금씩 처분하다 보니 지금 남아 있는 것은 한 켤레뿐이다.

이 외에 레인부츠가 한 켤레. 이른바 예전의 투박한 장화는 거부감이 있지만 지금은 사이드 고어 부츠side gore boots처럼 세련되고 기능적인 디자인도 많고 가격까지 저렴하다. 겨울에는 부츠 대신 비가 올 것 같은 날에 신기도 한다. 현관에는 샌들 대신 플랫 슈즈를 꺼내 놓고, 이 외에는 반드시 넣어둔다.

STYLE 7

속옷이나 소품 종류는 대량구매한다

속옷이나 스타킹 등은 정기적으로 대량구매를 하고 있다. 5년 전쯤 여름에 중저가의 브라탑을 샀는데 착용감이 매우 좋고 겨울에도 변형 없이 그대로여서 그 이후로 계속

착용하고 있다. 스타킹은 질감도 좋고 가격도 싸서 오래전부터 신고 있는 제품을 지금도 즐겨 신고 있다. 절약을 위해 저가 제품도 써 보았지만 역시 질이 다르다. 그 이후로는 이것저것 눈길을 주지 않고 온라인에서 구매하면서 배송비가 들지 않도록 검은색과 회색을 얇고 두꺼운 차이만 주어 대량구매하고 있다.

일회성 혹은 쓰고 버리는 정도의 물품은 백엔숍도 자주 이용한다. 여름철 UV 장갑과 선바이저 그리고 작년에는 하이킹을 가기 위해 털장갑도 샀다. 수첩이나 금전 출납부도 여기에서 구입했다. 영업직 시절에는 두꺼운 수첩에 빼곡하게 일정을 적었지만 지금은 작고 얇은 수첩이 사용하기도 편하고 크기도 마음에 든다.

STYLE 8

;

실속 있고 질 좋은 화장품을 애용

나이가 들수록 피부 고민도 점점 늘어나는 것은 어쩔 수 없다고 포기하고 있다. 기미, 주름, 처짐, 칙칙함 등등. 신진대사가 떨어지므로 어쩔 수 없는 일이다. 화장품으로 할 수 있는 피부 관리는 한계가 있다. 비싼 미용 제품을 큰맘 먹고 샀다가도 그것을 계속 사용하는 사람은 적을 것이다.

화장품 회사에서 영업일을 하며 피부에 관해 공부를 해서 어느 정도의 지식을 가지고 있는데, 역시 제일 중요한 건 피부 건조를 막는 것이다. 자외선을 차단하여 기미가 생기는 것을 예방하는 것도 중요하지만 그 이상으로 피부 건조에 주의해야 한다. 건조는 주름이나 피부 처짐, 칙칙함의 원인이 되기 때문이다.

회사 연수에서 자주 소개되는 비유인데, 날생선과 건어물 중 어느 쪽이 불에 더 빨리 구워지나 하는 것과 같은 이치다.

피부가 촉촉하면 자외선의 피해를 줄일 수 있지만 건조한 피부는 자외선 흡수도 증가한다. 재킷 주머니에 꼭 기름종이를 넣고 다녔던 것이 언제였을까 싶을 정도로 지금은 윤기가 전혀 없는 피부가 되어 버렸다. 없는 것은 보완하는 수밖에 없다.

지금 쓰는 화장품을 알게 된 것은 벌써 6년 전 한 백화점의 할인 행사에서였다. 산더미처럼 쌓인 화장품을 둘러싸고 수많은 고객들이 바구니에 상품을 마구 담기 시작했다. 들여다보니 정말 저렴했다.

백화점에서 파는 가격이 아니라는 생각이 들면서 다 써가는 클렌징과 화장수가 떠올라 시험삼아 사보았다. 용기에 공을 들이거나 요란스럽게 광고를 하지 않아 약국에서 파는 저가 화장품보다 가격은 저렴하면서도 성분과 사용감이 만족스러워 이후로 쭉 애용하고 있다. 인터넷으로만 판매하고 일정액 이상이면 배송비가 무료이기 때문에 5개월에 한 번 한꺼번에 주문하고 있다.

사용하는 제품은 클렌징, 고형 비누, 미백 스킨, 로션, 미용 크림, 립밤 등이다.

언젠가 세럼이나 아이크림도 사용해 보고 싶지만 지금은 기초 제품만으로 피부가 건조해지는 것을 예방하고 있다. 얼굴에 사용하는 스킨케어 제품 외에는 바디크림이나 핸드크림, 니베아 크림 등을 아낌없이 듬뿍듬뿍 사용하고 있다.

STYLE 9

좋아하는 식기로만 식사하는 사치

그릇 종류는 북유럽 식기 수집을 계기로 정리하게 되었다. 3년 전, 둘째 아이와 산책을 나갔을 때였다. 한 카페에서 커피잔을 보고 첫눈에 반해 버렸다. 당시에는 아라비아 식기를 몰랐기 때문에 다만 귀엽고 예뻐서 사진을 찍었는데, 그것을 아들이 기억했다가 돌아오는 다음 생일에 선물해 주었다.

그때까지는 북유럽 식기에 관해 잘 몰랐다. 그런데 이 커피잔을 계기로 아라비아 접시와 볼, 평소에 사용하는 그릇을 조금씩 사 모으기 시작했다. 그때까지도 혼자 사는 데 비해 식기가 많다고 생각했기 때문에 과감하게 이전의 식기는 대부분 처분했다. 그리고 아들이 식사를 하러 오기 때문에 같은 접시를 2, 3개 더 구입했다. 주방 뒤쪽의 식기 선반에는 아이들의 머그잔이나 찻잔 세트를, 평상시 사용하지 않는 식기는 주방 싱크대 아래쪽 서랍에 수납한다.

최근에는 아들들의 방문 횟수도 줄어 사고 싶을 때는 나 자신을 위해 한 개씩만 사게 되었다. 간단하고 검소한 식사라도 좋아하는 식기를 사용하면 맛과 행복감 넘치는 기분으로 즐길 수 있다.

북유럽 핀란드의 식기는 디자인이 심플해서 서양식, 중식 모두 상관없이 어떤 요리에도 잘 어울린다.

사용하는 식기

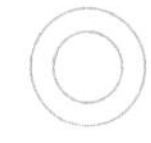

- 작은 접시(빵 접시 정도) 4개
- 중간 접시 5개
- 큰 접시 4개
- 깊은 접시(수프, 스튜용) 6개
- 덮밥용 2개
- 커피잔 종류 3세트+3세트(손님용)
- 공기 3개
- 작은 공기 4개
- 떡국 그릇 3개
- 찻잔 1개+3개(손님용)
- 밥그릇 1개+1개(손님용)
- 국그릇 1개+1개(손님용)
- 유리컵 1+2개(손님용)
- 작은 접시(간장 접시) 3개
- 그 밖에 아들 전용 밥그릇, 국그릇, 커피잔, 찻잔, 유리컵 각 2개

STYLE 10

방재 물품은 독신 생활의 필수품

혼자 생활하는 경우 집에서 지진, 화재 등의 재해가 발생했을 때 의존할 수 있는 사람이 없다. 때문에 재해에 미리 대비해 두는 일은 매우 중요하다. 나 역시 철저하지는 않지만 최소한으로 필요한 물품들을 갖추고 있다. 아파트 건물은 밖으로 피하면 오히려 붕괴의 위험에 노출될 수 있다. 또 교통, 전기, 수도, 통신 등의 라이프 라인life line이 멈추면 집에서 생활하게 될 가능성이 높다. 그래서 옷장 속에 바로 꺼낼 수 있게 구급용 배낭을 준비해 두고, 집에서 생활하기 위한 물과 식료품, 휴대용 가스레인지와 초, 간이 화장실 등은 주방 수납장에 준비해 놓았다.

식수 이외의 생활용수는, 10ℓ의 폴리 탱크에 물을 모아 세면대에 비치해 두었는데 이것으로는 충분하지 않을 것 같아 하나 더 늘리려고 생각 중이다. 음료수와 식료품은 봄, 가을에 한 번씩 체크하도록 정해놓으면 유통기한이 지나는 것도 막을 수 있다. 아무 일도 생기지 않으면 그보다 좋은 일은 없겠지만, 조금이라도 준비해 두면 안심할 수 있다.

구급 배낭은 가방 가게에서 가장 싸고 큰 것을 구입했다. 대충 필요한 것은 구비해 놓았지만 피난소 생활을 예상하고 식료품을 넣어 두지 않은 것은 준비 부족이다.

취침 중에 재난이 일어났을 때를 대비해서 머리맡의

나이트 테이블에는 항상 낡은 스니커즈와 작은 손전등을 비치해 두고 있다.

방을 나누지 않고 원룸으로 사용하고 있기 때문에 침대에 누워 있으면 주방이 정확히 눈 위치에 있어 훤히 다 보인다. 가스레인지와 싱크대 주위에는 가능한 한 물건을 두지 않고 수납장에 넣어둔다. 붙박이 수납장에는 행주, 세제 등의 청소용품, 통조림 등의 저장식품 종류를 넣어둔다. 플라스틱 바구니를 서랍 대신 이용해 구획을 나누었더니 수납공간을 안쪽까지 사용할 수 있고 꺼내기도 쉽다.

| 4장 |

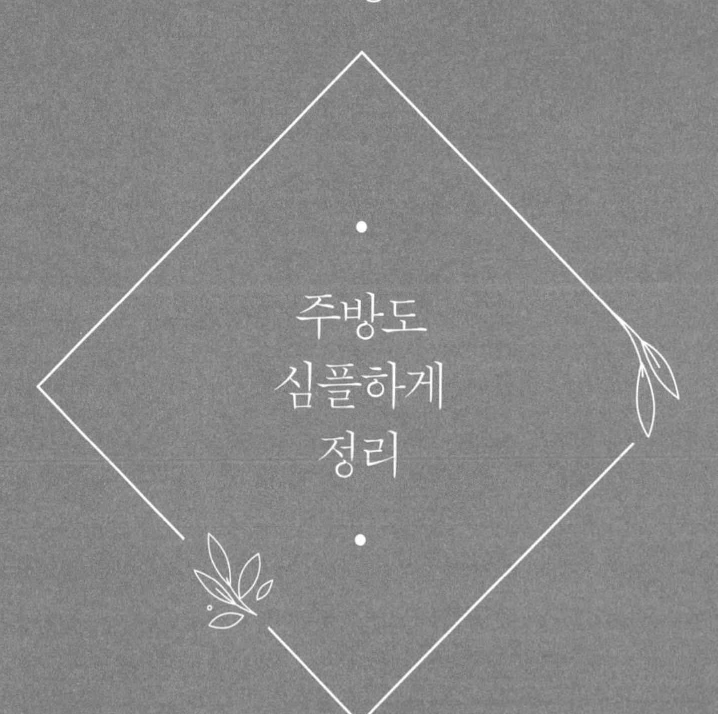

주방도 심플하게 정리

STYLE 1

오픈된 주방을 깔끔하게 보이게 한다

방을 나누지 않고 원룸으로 사용하고 있기 때문에 침대에 누워 있으면 주방이 정확히 눈 위치에 있어 훤히 다 보인다. 가스레인지와 싱크대 주위에는 가능한 한 물건을 두지

않고 수납하고 있다. 붙박이 수납장에는 행주, 세제 등의 청소용품, 통조림 등의 저장식품 종류를 넣어둔다. 플라스틱 바구니를 여러 개 사서 구획을 나누었더니 수납공간을 안쪽까지 사용할 수 있고 꺼내기도 쉽다.

항상 나와 있는 것은 식기 건조 랙과 컵과 칼, 세제 용기, 스푼 꽂는 컵뿐이다. 처음에 정면으로 보이는 쓰레기통과 주변은 묵은 기름때와 뚜껑 없는 쓰레기통의 검은 얼룩으로 끔찍했다. 이 공간은 몇 년 전 저렴한 벽돌 무늬 리메이크 시트지를 붙여 간단하게 리폼을 했다. 깨끗해져 다행이었지만, 반대로 더러운 정면 조리대 위가 눈에 띄어 신경이 쓰였다.

몇 달 뒤 이 부분과 주방가전을 두는 조리대 뒤쪽 벽과 천장 아래쪽 부분에도 같은 시트지를 붙였더니 주방 전체가 밝아졌다. 리메이크 시트지는 뒷면이 스티커로 되어 있어 비뚤어져도 다시 붙일 수 있기 때문에 생각보다 쉽게 작업할 수 있었다.

조리 공간이 좁아 식기 건조대는 놓지 않았다. 대신 싱크대가 넓어 스테인리스제의 평평한 식기 건조 랙을 입주

후부터 계속 사용하고 있다. 1~2인분의 식기라면 씻은 후 충분히 놓아둘 수 있기 때문에 오래되긴 했지만 교체할 생각은 없다. 오픈 타입의 주방인 만큼 싱크대가 고스란히 보여 설거지한 식기는 바로바로 넣어두고 있다.

주방세제와 스펀지를 함께 수납할 수 있는 디스펜서는 디자인과 기능 모두 무척 마음에 든다. 예전에 둘째 아들 집에서 발견하고 나도 모르게 따라 구매했다. 세제와 물을 함께 넣으면 거품으로 나오는 타입이다. 앞쪽에 스펀지를 넣을 수 있기 때문에 싱크대 안쪽에 설치했던 스펀지 랙을 치우니 싱크대가 깔끔해지고 청소도 편해졌다. 스펀지는 3개가 한 팩인 제품을 구입해 쓰고 있는데 색이 화려한 스펀지는 사용하지 않고 있다.

가스렌지 건너편에는 오븐 토스터를 놓았다. 오븐 토스터가 있는 자리는 'ㄷ'자 랙에 판을 얹어 직접 만든 DIY 선반을 사용해 공간을 효율적으로 활용하고 있다.

STYLE 2

조리기구와 식기는 모두 수납한다

프라이팬이나 냄비, 요리도구 등은 수를 줄이고 싱크대나 가스레인지 아래쪽 서랍에 수납한다. 파스타 혹은 우동 면을 삶거나 여러 사람 분의 된장국이나 스튜를 만들 때

를 위해 20cm 양수냄비가 있다. 가지고 있는 냄비는 모두 5개뿐이지만 이것으로 충분하다. 게다가 보통 1인분의 조리에는 18cm의 편수냄비와 14cm 밀크팬이면 대부분 충분하다. 18cm 알루미늄 편수냄비는 서류케이스에 세워서 수납하고, 안쪽은 ㄷ자 랙을 놓아 단을 만들어 14cm 밀크팬과 디자인이 예쁜 법랑 재질의 16cm 편수 냄비를 보관한다.

국자나 나무젓가락, 주걱, 집게 등의 도구는 자기 재질의 병에 꽂고, 볼이나 소쿠리는 겹쳐놓고 방망이와 강판 등은 빈 공간에 수납한다. 자주 쓰는 나이프와 스푼, 포크 등은 케이스에 담고 보관용은 구분하여 그 아래에 넣어두면 꺼내서 사용하기 쉽다.

그릇을 좋아해서 젊은 시절부터 많이 모았지만, 취향이 바뀌거나 혼자 사는데 너무 많은 것 같아 정리를 하고 나서 지금은 좋아하고 자주 쓰는 것만을 남겨두었다.

싱크대 아래쪽 위칸은 허리를 굽히지 않고 열고 닫기가 가장 쉬운 곳으로, 아들들이 자주 왔을 때는 이곳에 밥그릇과 국그릇, 작은 접시를 수납했다. 요즘에는 혼밥할 때가 대부분이어서 한 번에 그릇을 다 꺼낼 수 있도록 내가 쓰는 그릇만 이곳에 정리해 두었다. 그리고 조리 중에 바로 꺼낼 수 있도록 조미료나 요리용 가위 등도 한쪽에 정리해 두었다.

매일 하는 준비는 윗서랍을 열기만 하면 되는 편리한 주방은 귀찮은 것을 싫어하는 나에게는 좋은 정리법이다. 서랍의 아래칸에는 보관용 식기 외에, 안쪽에 자주 사용하지 않는 물건을 수납한다.

STYLE 3

조미료는 작은 사이즈를 사서 손 닿는 곳에

간장, 맛술, 카놀라유, 맛간장, 참기름, 폰즈, 마요네즈 등등 조미료는 대부분 소형을 구입한다.

혼자 살면 큰 병의 제품은 양이 좀처럼 줄지

않고, 유통기한을 넘기기 일쑤였다. 게다가 수납 공간도 많이 차지한다. 작은 병은 가성비는 떨어져도 끝까지 사용할 수 있기 때문에 유통기한을 신경쓰지 않고 항상 신선한 상태로 사용할 수 있다. 작아서 자리를 차지하지도 않고 높이가 낮은 서랍에도 들어간다. 싱크대 아래쪽 서랍에 조미료를 넣을 수 있는 것도 이 사이즈이기 때문에 가능하다. 또 가벼워서 다루기도 편하며 사서 가져올 때도 짐이 되지 않는다.

케첩이나 식초도 식사 중에 옆에 놓아두어도 방해가 되지 않는 사이즈다. 최근에는 간장도 따로 담는 용기를 안 쓰고 병째로 식탁에 꺼내놓는다. 조미료는 싱크대 아래쪽 서랍 위칸에 과자 상자를 이용해 정리했다. 조리 중에 바로 꺼낼 수 있는 위치다.

STYLE 4

평소의 식사는 검소하게, 점심은 도시락으로

매달 식비 예산이 정해져 있기 때문에 좋아하는 식재료만을 살 수는 없다. 월초에 식비용 지갑에 돈을 넣고, 잔액을 보면서 슈퍼나 편의점에서 식재료를 산다. 한편 나는 과자를 좋아해서 떨어질 날이 없다. 아마 예산의 4분의 1은 과자 값으로 사라지겠지만 예산 안에서 충당하고 있다. 평소의 식사는 간단한 편이다. 결혼하고 나서 아이들이 자립하기까지 20년 동안 너무 많은 요리를 한 탓에 지금은 손이 덜 가는 요리만 한다.

1인 식단을 위해 식재료를 사면 낭비되는 경우가 많다. 뿐만 아니라 회사에서 돌아와 자신만을 위해 요리하기는 귀찮기 마련이다. 그래서 식재료는 맛이 보증되는 간편 카레나 편의점 반찬을 자주 이용한다.

그래도 아들들이 놀러 오는 날은 기뻐하는 얼굴을 보고 싶어 어릴 때 좋아하던 것을 만들어 준다. 조리법이 간단한 음식과 함께 다소 손이 많이 가는 요리도 함께 준비한다.

의외로 아이들은 내가 만들었던 음식을 20년, 30년이 지났는데도 또렷하게 기억해 준다. 그리워하는 얼굴로 맛있었다고 말하면 그것이 마음에 남아 잊지 않고 다음에 왔을 때 만들어 주는 것도 하나의 기쁨이다.

아침에는 커피와 토스트, 바나나, 요구르트 등 거의 매일 고정 메뉴다. 점심은 몇 년간을 회사에서 정해놓은 도시락을 주문했는데 작년부터는 절약도 할 겸 직접 도시락을 싸게 되었다. 도시락 재료가 포함되어 평소 식사가 이전보다 더 검소했을지도 모르겠다. 도시락은 가로로 긴 편이 가방에 들어가기 쉽다.

도시락 반찬은 거의 지난밤에 남은 음식과 냉동식품을 이용해 만든다. 쌀밥뿐만 아니라 즉석 팥밥이나 냉동 영양밥 등도 이용하는데 직접 만드는 것보다 간편하고 맛도 좋다. 게다가 직장에서 주문하는 도시락은 양이 많아 자주 남겼지만 직접 만드는 도시락은 내가 원하는 만큼 양을 조절할 수 있다는 장점이 있다.

반찬이 적은 날은 시판되는 김가루나 야채가루를 넣어 비벼먹는다. 냉동 미니 가스를 이용한 돈가스 덮밥과 즉석 팥밥, 전날 밤의 조림이나 냉동튀김과 즉석 영양밥, 채소 볶음과 차슈, 즉석 닭우엉밥과 냉동 옥수수 고로케도 단골 메뉴다.

저녁에 볶음면(야끼소바)을 먹게 되면 반드시 두 끼 분량을 만들어 반은 다음날 도시락으로 담기도 한다.

평소의 저녁식사

도시락으로 식사를 하므로 저녁은 오픈 샌드위치나 파스타, 라면 등의 면류를 자주 먹는다. 간편한 식사는 채소가 부족하기 쉬운데 브로콜리와 가지, 피망, 소송채는 저녁 식사 때도, 도시락 반찬으로도 자주 먹는다. 채소 샐러드는 몸을 차게 하므로 토마토 말고는 거의 먹지 않는다.

건강을 위해서는 균형 잡힌 식생활이 필요하지만 너무 하나하나 영양가를 따지기보다는 좋아하는 음식을 맛있게 먹는 편이 확실히 건강에는 더 좋을 것이다.

여름에는 샐러드 우동을 자주 만든다. 가지볶음은 맛간장으로 간단히 하지만 때로는 가다랑어 다타키(레어 스테이크처럼 표면만 살짝 굽는 요리-역주)로 사치를 누린다.

전골이 먹고 싶으면 1인용 작은 뚝배기에 끓여놓고 3일간 먹기도 한다. 가지, 피망 된장 마요 볶음은 단골 메뉴. 햄버거는 간편하고 맛있는 편의점을 이용한다. 가끔은 친구가 준 가파오 라이스(태국식 볶음밥-역주)의 재료를 이용하기도 한다.

아들이 왔을 때의 식사

고기와 여름 채소를 많이 쓰고 양념도 이것저것 사용한 국적 불명의 볶음요리를 내놓는다. 큰아들은 피망 햄버거를 좋아해 생일에 자주 만들어준다. 혼자서는 며칠이고 계속 먹게 되는 어묵도 아이들이 큰 오는 날에는 또 만든다.

마파두부와 닭가슴살 샐러드도 세트로 자주 만든다. 역시 혼자 있을 때는 만들지 않는 요리다. 미리 사둔 즉석 소스를 사용한 오믈렛 하이라이스(속은 버터라이스)도 애용하는 메뉴이다.

STYLE 5

휴일에는 친구나 아이들과 외식을 즐긴다

평일에는 만들기도 귀찮고 절약하기 위해 간단하고 검소한 식사를 하지만 휴일은 다르다. 친구나 아들과 외출할 때는 맛집을 찾는다. 물론 적당한 가격의 점심이지만 음식 값을 크게 신경쓰지 않고 먹고 싶은 메뉴를 먹는다.

매월 식비 예산에는 퇴근 후 외식비는 포함되지만 친구나 아들과의 외식은 취미, 오락이라고 생각해서 식비 이외의 생활비 예산 내에서 지출하고 있다. 주말 외식은 맛집 순례까지는 아니지만, 이것도 취미라고 생각하며 인터넷의 정보나 TV의 산책 프로그램에서 발견한 가게를 방문한다. 이것도 큰 즐거움이다.

먹는 것은 자연스런 욕구다. 절약만 할 것이 아니라 때로는 맛있고 행복한 식사를 하면 우리의 위장뿐 아니라 마음까지 풍요로워져 얼굴에 웃음이 떠오르게 된다. 앞으로 나이가 더 들어 절약을 하게 되더라도 계속하고 싶은 일 중의 하나다.

예전보다 비싼 음식재료를 사지 않고 쇼핑은 인터넷 경매 사이트를 주로 이용한다. 하지만 즐거운 일에 돈을 쓰면 적은 비용으로도 일상에 변화가 생기고 비관적이 될 일도 없다. 정해진 예산 안에서 생활하는 습관도 생겼기 때문에 이제는 가계부를 써야 한다는 생각은 없어졌다. 스스로 일해서 번 돈이므로 잘 계획해서 나 자신이 받아들일 수 있는 방법으로 사용하고 싶다.

| 5장 |

경제적 자립심이 독신 생활의 버팀목

STYLE 1

;

매월 정해진 금액으로 생활한다

6년 전에 정규직으로 일하던 회사를 퇴직한 후 파트타이머로 일할 때는 실수령액 10만 엔(한화 약 110만 원) 정도로 생활하고 있었다. 회사를 그만둔 건 아파트 대출금도 모두

상환하고 마음에 여유가 생겨서일 것이다. 그렇다고는 해도 단독주택과 달리 아파트는 관리비, 장기수선충당금이 들기 때문에 살고 있는 한 그 부담은 계속된다. 수선충당금은 대규모 수리도 있어 몇 차례 인상되었다. 지금은 관리비와 함께 매월 약 2만 3천 엔을 지불하고 그 외 고정비가 한 달에 약 7천 엔 등 모두 합쳐서 매월 3만 엔(한화 약 33만 원)이 든다.

나머지 7만 엔으로 생활하는 것이 좀 빠듯했는데 1년 전에 회사를 옮기고부터 월급도 올라 실수령액이 12만 엔(한화 130여 만 원) 정도가 되었다. 아파트에 드는 3만 엔 외에 수도, 전기, 가스비, 보험, 통신비 등을 합쳐 6만 엔을 고정비로 하고 나머지 6만 엔을 식비와 기타 지출로 나누어 관리하고 있다.

STYLE 2

가계부는 내려놓고 예산을 세워 관리

24세에 결혼하고 나서 가계부를 거르지 않고 써 왔다. 평생 가계부는 쓴 적도 없거나 쓰기 시작했다가도 바로 그만두는 사람이 많을 것이다. 나의 경우에는 어머니의 영향이 컸다. 나는 어릴 때부터 어머니가 밤이 되면 지갑에서 영수증을 꺼내 놓고 노트에 그날 쇼핑한 목록을 꼼꼼히 적고 주판을 놓으며 계산하는 것을 보았다.

결혼하면 청소나 빨래, 식사 준비를 하듯이 가계부는 당연히 적는 것이라고 생각했다. 참고로 주부인 여동생도 똑같이 수십 년 동안 가계부를 쓰고 있다. 89세가 되는 어머니는 지금도 가계부를 쓰고 계신다. 뭐랄까, 훌륭하다고 해야 할까? 존경하지 않을 수 없는 분이다.

결혼 당시, 주부들을 대상으로 하는 월간지의 신년호에는 가계부가 꼭 부록으로 딸려 있어 매년 빠지지 않고 구입했다. 매일 밤 영수증을 보면서 돼지고기 00, 무 00, 달걀 00, 샴푸 00 등등 하나하나 적으며 매월 합계를 내고 적자를 확인했다. 지금 와서 보면 얼마나 한가로운, 얼마나 쓸데없는 일을 했나 하고 생각할 때도 있지만 사용한 돈을 기록하는 습관이 몸에 밴 것은 확실하다.

혼자 살기 시작하면서는 시간도 없고 해서 일일이 영수증을 붙이는 일은 없어졌지만 몸에 밴 습관 때문인지 정장 등 큰 비용이 드는 물건을 샀을 때는 기록을 하게 된다. 절약하기 위해 그리고 생활비를 운용하기 위해 다시 가계부를 쓰기 시작했다.

1년 전부터는 월급이 올랐고, 정해진 예산으로 생활할 수 있는 금전 사용법을 터득하면서 작년 가을에 가계부 작성을 그만두었다. 하지만 매달 기억해 두어야 할 물품구입에 관해서는 그때마다 기입하고 있다. 예를 들어, 미용실, 화장품, 옷이나 가방, 외출했을 때의 외식비, 선물 등등.

생활비 예산은 나누어 쓴다

고정비 이외의 현금은 식비와 기타 비용으로 나누어 월초에 각각 다른 지갑에 넣어 둔다. 식비에는 외식비를 포함하지 않고 매일의 식재료와 과자류를 구입하는 데만 쓴다. 지갑도 집에 두고 지갑 속 잔액을 보면서 한 달을 지낸다. 가지고 다니는 지갑에는 현금을 넣어두고 일용 잡화나 외식, 좀처럼 없는 일이지만 옷이나 가방 구입 등에 사용한다.

슈퍼마켓 등에서 식재료를 구입했을 때는 사용한 만큼을 식비용 지갑에서 이동시킨다. 한편 신용카드는 가지고 다니지 않는다. 지갑을 잃어버렸을 때를 대비해 교통카드에 신용카드 기능을 추가해 놓았다. 인터넷에서 쇼핑했을 때는 신용카드로 결제하는데 그때마다 구입한 금액을 지갑에서 빼서 한 번에 은행 계좌로 입금한다. 하지만 신용카드로는 많은 물건을 사지 않는다.

예전보다 비싼 음식재료를 사지 않고 쇼핑은 인터넷 경매 사이트를 주로 이용한다. 하지만 즐거운 일에 돈을 쓰면 적은 비용으로도 일상에 변화가 생기고 비관적이 될 일도 없다. 정해진 예산 안에서 생활하는 습관도 생겼기 때문에 이제는 가계부를 써야 한다는 생각은 없어졌다. 스스로 일해서 번 돈이므로 잘 계획해서 내 자신이 받아들일 수 있는 방법으로 사용하고 싶다.

STYLE 3

;

예비비를 임시지출로 돌린다

매달 지출은 수입으로 꾸려가고 있지만 실제로 쓰는 돈은 그것만으로는 부족한 게 사실이다. 때문에 '예비비'로 돈을 따로 모으고 있다. 60세부터 매달 받기 시작한 기업 연금 기금이 현재 약 60만 엔(한화 약 660만원)이 되었다. 그리고 작년에 폐업한 5년 동안 근무했던 회사에서 파트타이머임에도 불구하고 약간의 퇴직금을 받았다. 재작년 치아 브리지에 사용한 의료비 환급금도 나왔다. 그 밖에 이 나이에도 이따금 반갑게도 어머니와 이모가 용돈을 주신다. 이것들을 모아 예비비로 지니고 있다.

해마다 금액의 차이는 있겠지만, 작년 한 해에 사용한 예비비는 40만 5,100엔(한화 약 461만 원)이었다.

• 사교비

조카에게 세뱃돈, 엄마와 이모, 여동생, 친구, 아들들에게 생일 선물, 엄마와 이모에게 명절 선물 등으로 지출한 금액이다. 이것들은 매년 정해진 지출이지만, 작년에는 동료에게는 결혼 축하금을, 장남에게는 혼자 살기 시작한 집들이 선물을 보냈다.

가족과 친척, 친구들과의 관계는 가장 소중히 하고 싶은 부분이다. 마음뿐 아니라 상대가 기뻐하는 일에는 돈을 들여도 좋다고 생각한다.

• 피복비(가방)

평소에는 옷이나 가방, 신발 등도 생활비 예산 내에서 구입하고 있지만 새로 구입한 가방은 정가가 비쌌기 때문에 중고거래임에도 생활비로는 해결되지 않았다. 올해에는 오랜만에 나를 위한 생일선물을 샀다. 금귀걸이는 몇 년 전에 한쪽을 잃어버려 금도금을 사용했는데 역시 이 나이에는 진짜가 필요하다는 생각이 들었다.

• 가재도구

석유난로가 고장나서 교체했다. 재해 발생 시 필요한 용품으로, 전기를 사용하지 않는 소형 석유난로를 사려고 찾고 있던 참에 좋은 기회였다.

• 예상 못한 지출

① 화장실 변기 탱크 수리

수도꼭지에서 물이 나오지 않아 먼지가 원인인 것으로 판단, 탱크 내부를 청소하려다가 건들면 안 되는 마개를 분리해 버렸다. 물이 넘쳐서 복도까지 물이 차고 당황해서 수도 수리 전문가를 불러 부품을 교환했다.

② 의치 브리지

6년 전에 브리지 의치를 했는데 그중 1개의 치아 뿌리가 깨져 새롭게 다시 만들어야 했다. 치아가 약하기 때문에 브리지와 의치가 많아 이런 일은 앞으로도 또 일어날 우려가 있다.

올해 4월부터 주 4일 근무로 바꾸고 실수령액도 줄었다. 부족한 생활비는 예비비에서 충당해 나갈 생각이다.

STYLE 4

;

안심하고 연금 생활을 하기 위한 저축

노후라고 하면 질병에 대한 걱정도 있지만 가장 신경쓰이는 것이 돈 문제가 아닐까? 이혼 후 13년간 근무했던 회사에서는 영업 일을 하며 20, 30대 남자 직원들과 함께 밤

늦게까지 정신없이 일했다. 마지막 5년 정도는 작은 회사였지만 샐러리맨의 평균 연봉 정도의 수입을 받았다.

정직원이 되고 나서는 상여금이 나왔기 때문에 처음에는 어머니에게 도움을 받으면서 아들들의 학비를 충당했다. 아이들이 졸업한 후에는 아파트 주택대출금의 조기 상환을 시작했고 이후 퇴직할 때까지 대출 완전 상환과 노후를 위한 저축을 시작했다.

목표가 있었고 혼자가 되고 나서는 절약하는 습관이 몸에 배어 있어 수입의 절반 가까이는 저축할 수 있었다. 그리고 목표한 금액을 달성했을 무렵 회사를 퇴직했다. 그 저축이 있었기 때문에 안심하고 파트타이머로 전환한 측면도 있었다. 65세부터 연금으로만 생활할 수 있을까 하는 불안감도 있고 나이가 더 들면 무슨 일이 생길지 모른다. 정신적으로 안심하고 생활하기 위한 저축이므로 연금생활을 할 때까지는 사용하지 않으려 한다.

우리의 부모 세대는 돈 이야기를 하는 것은 품위 없는 일이라 생각하는 것 같다. 부모가 돌아가신 후에 통장이나 도장, 주택 권리증, 보험증서 등이 어디에 있는지 몰라서 남겨진 가족이 우왕좌왕하는 일도 드물지 않은 것 같다. 지금은 건강하지만 나의 어머니도 그중 한 사람인 것은 분명하다. 그렇기 때문에 나는 두 아이들에게 통장과 도장, 보험증서와 권리증 등 중요한 물건의 보관 장소를 이미 모두 말해 주었다.

나는 일하는 걸 좋아하는지도 모른다.

일을 하며 타인에게 인정받고 대가로 보수를 받는 것이 뿌듯하다. 고등학교 때부터 갖고 싶은 게 있으면 아르바이트를 해서 샀다. 둘째 아들이 초등학교에 들어가기를 기다렸다가 파트타이머 일을 시작한 것도 내 돈이라는 게 필요했기 때문이다.

자신이 번 돈으로 산 것은 좀 더 소중하고 음식은 더 맛있게 느껴지는 것 같다. 이런 성격 탓에 독신 생활을 시작하고 나서 모든 것을 직접 벌어서 생활하지 않으면 안 되었을 때도 어떻게든 될 것이란 생각을 했었다. 그리고 오늘까지 일터를 바꾸면서도 정말 어떻게든 잘해 오고 있다. 10대 때부터 키운 경제적 자립심이 지금까지 버팀목이 되어 준 것에 감사하고 있다.

일 때문에 지치고 피곤해도 집에 돌아가면 나에게는 자유로운 시간과 공간이 있다. 사치스러운 생활이나 여가는 즐기지 못해도 돈을 들이지 않고 즐기는 법도 알고 있다. 그리고 생활의 기반이 되는 일과 건강한 어머니와 형제자매와 아들이 있고 마음을 허락할 수 있는 친구도 있다.

당연한 것 같지만 이런 행복은 없다. 나라는 인간은 한 사람밖에 없으므로 나는 나일 뿐. 눈앞의 행복을 볼 수 있게 된 지금은 스트레스를 거의 받지 않고 있다.

| 6 장 |

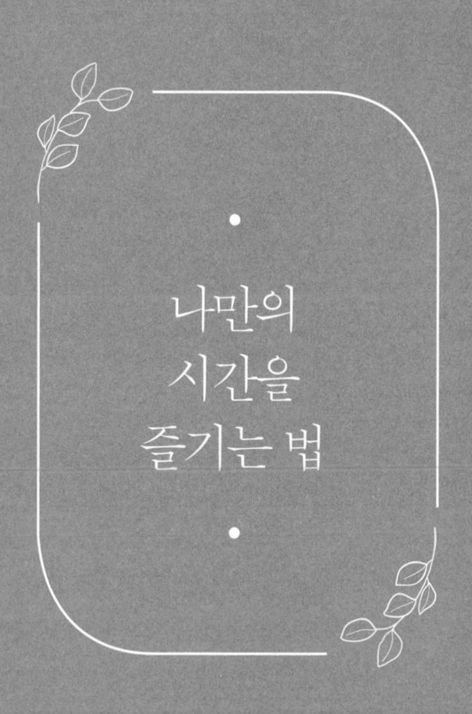

나만의 시간을 즐기는 법

STYLE 1

토요일에는 외출, 일요일에는 집에서 느긋하게

토요일은 대부분 친구를 만나거나 아들과 외출을 하거나 친정에 가는 식으로 일정을 잡는다. 대신 일요일에는 밖으로 한 발짝도 나가지 않고 한동안 잠옷을 입은 채로 소파

에 누워 한가롭게 시간을 보낸다. 쉬엄쉬엄 간단하게 방 정리와 청소를 한 후 책을 읽거나 그동안 못 본 TV프로를 몰아보면서 지낸다. 침대를 소파삼아 책을 읽는 경우도 많다. 자신의 취미로 통일된 집에서 느긋하게 보내는 시간은 더없이 행복한 시간이다.

평일 근무에서 오는 피로는 그런 시간이 없으면 풀리지 않으므로 아무것도 하지 않는 하루는 꼭 필요하다. 한 달에 두 번 정도 큰아들이 놀러오는데 그럴 때도 잠옷을 입은 채로 보낸다. 화장도 안 하고 냉장고 속에 있는 음식으로 점심을 차려 같이 먹으며 근황도 듣고 TV를 보거나 잡담을 하며 시간을 보낸다.

평일 밤은 혼자이기 때문에 냉동식품이나 샌드위치 등 간단하게 식사를 만들어 빨리 끝내는 경우가 많다. 그러고는 블로그를 쓰거나 TV를 보거나 한다. 유튜브로 음악을 들으며 인터넷에서 사고 싶은 옷을 검색하면서 지내다 보면 순식간에 4시간 정도의 시간이 지나가 버린다. 혼자라서 외롭다는 생각 따위는 들지 않는다.

STYLE 2

2주에 한 번 도서관에서 책을 빌린다

원래 책 읽는 것을 좋아해 도서관에 자주 갔는데 일에 쫓기다 보니 한동안 독서와는 완전히 담을 쌓고 살았다. 6년 전쯤 정규직 일을 그만두고 다음 직장을 구하면서 시간의

여유가 생겨 도서관에 다니기 시작했다.

쉽게 읽을 수 있는 오락 소설이나 미스터리, 에세이가 대부분이지만 특정 장르를 정하지 않고 그날 손이 가는 것을 빌려 온다.

잡지 코너를 천천히 둘러보거나 음악 CD도 빌릴 수 있으며 좋아하는 작가의 작품도 마음껏 읽을 수 있다. 최신 화제작은 바로 읽을 수 없지만, 별로 흥미가 없기 때문에 문제되지 않는다.

나와 나이가 비슷한 여류 작가들의 작품을 자주 읽는다. 주변에서 흔하게 접할 수 있는 소재를 다뤄 친근감이 느껴지면서도 많은 것을 생각하게 하는 작가들이다.

돈도 안 들고 집 안에 물건이 늘지도 않는 도서관은 멋진 곳이다. 책이 다시 읽고 싶어지면 또 빌려 오면 된다.

무엇을 읽어야 할지 망설여질 때는 독서에 정평이 난 블로거의 서평을 참고해서 빌리는 경우가 많다. 그러던 과정에 알게 되어 팬이 되는 경우도 있다.

STYLE 3

블로그가 일상의 힘이 된다

손으로 직접 쓰는 일기 대신 블로그를 시작했다. 3년 전 겨울, 디자인이 마음에 들어 9년간 사용했던 냉장고가 고장났을 때 새 냉장고를 들이며 그 교체 과정을 기록으로 남

기려 했던 것이 계기였다. 마침 물건 정리를 시작했을 무렵으로 옷과 신발, 가방, 식기 등 사용하지 않는 것을 처분하고 깔끔한 생활을 목표로 했다.

문자뿐만 아니라 영상을 남겨 기록하면 내가 가지고 있는 물건들의 변화를 알 수 있고 낭비도 줄어 절약에도 도움이 될 것으로 생각했다. 그리고 산 물건을 기록하거나 선물로 받은 물건도 영상과 함께 올리면 알아보기 쉽다.

기억에 남기고 싶은 좋아하는 옷이나 가방, 갖고 싶었던 물건을 샀을 때, 그리고 동시에 남겨두고 싶은 소중한 시간에 대해서도 적어둔다. 친구들이나 아들들과 외출해 맛있는 음식을 먹고 수다도 떨고 예쁜 풍경도 보며 지낸 즐거운 시간은 기록하면 앨범과 같이 추억도 깊어질 뿐 아니라 가계부를 대신하기도 한다.

다행히도 나는 건강하고 약간의 고민과 걱정, 싫어하는 것은 있어도 날마다 일도 하고 있다. 절약은 해야 하지만 큰 금전적인 곤란은 없이 하루하루를 지내고 있다.

블로그에는 즐겁고 행복했던 일들만 적으려 하고, 힘들거나 슬픈 일은 가능한 빨리 잊기 위해 기록하지 않으려 한다. 나 자신의 기록으로 엮어 나가고 있는 블로그지만, 조금씩 독자가 증가해 따뜻한 댓글이 달리면 누군가 나의 글을 재미있게 읽고 있다는 생각에 기쁘다. 인터넷상에서 많은 사람과 연결되어 있다는 것이 힘이 되어 긍정적인 사고를 할 수 있다.

STYLE 4

대중목욕탕은 겨울 최고의 오락

둘째 아들은 샤워 룸만 있고 욕조가 없는 집에 산다. 평소에는 바빠서 샤워만으로 충분하지만 추운 계절의 주말에는 목욕탕에 간다고 한다.

내가 어렸던 시절에는 집 안에 욕실이 있는 집이 드물어 대중목욕탕은 생활에 없어서는 안 되는 존재였다. 몇십 년 만에 가보고 싶다는 생각이 들어 둘째 아이와 함께 가 보았는데, 그날을 계기로 그만 목욕탕의 매력에 빠져 버렸다. 레스토랑이나 영화관이 딸린 오락시설로서의 온천랜드나 넓은 슈퍼 목욕탕이 아닌 주택가에 있는 일반 목욕탕 말이다.

인터넷에서 가까운 목욕탕을 검색하여 자전거를 타고 갈 수 있는 범위의 적당한 곳을 몇 군데 차례로 돌아보고 있다. 하이킹용으로 산 배낭에 목욕용품 세트를 넣고, 언제든지 바로 갈 수 있도록 준비해 놓았다.

카운터에 주인이 앉아 시간을 알려 주던 추억의 옛 목욕탕이 아니라 지금은 입욕료도 발매기를 이용하거나 탈의실도 동전을 넣는 사물함으로 되어 있다. 가장 놀라운 것은 여러 개의 욕조가 있다는 것이다. 많은 곳은 10종류 이상의 개성 있는 욕조가 있다. 특히 노천탕은 도내 변두리에 있는데도 온천 여관의 노천탕에 있는 듯한 착각을 불러일으킬 정도다. 추운 겨울에는 얼굴에 북풍을 맞으면서 빌딩 사이로 밤하늘을 바라볼 수 있다. 몸은 따끈따끈한 물속에 있으면서 말이다.

월풀 욕조나 우유 욕탕, 히노키탕, 전기 욕탕이나 탄산수 욕탕 등도 있다. 46도의 고온탕과 냉탕을 번갈아 들어가기도 한다.

대부분이 천연온천인 것도 매력의 하나인데 저렴하게 즐길 수 있는 좋은 오락거리라 하겠다. 모르는 사람과도 대화를 주고받고 세상 이야기를 나누기도 한다. 어느 목욕탕에 가도 낯익은 할머니들이 사이좋게 웃으며 이야기하는 것을 보는 것도 즐겁다.

목욕탕에서 1시간 이상 머물며 몸속 깊은 곳까지 따뜻해지면 자전거를 타고 집에 도착할 때까지 한겨울에도 한기가 느껴지지 않는다. 온천여행을 하고 싶으면서도 상상만 하고 실행으로 옮기지 못했던 나에게 충분히 만족스런 오락의 하나다.

STYLE 5

돈이 들지 않고 운동도 되는 자전거 여행

앞서 쓴 대로 휴일 중 하루는 아들 혹은 친구들과 도심이나 근교를 산책하거나 맛있는 것을 먹으러 다니며 보낸다.

60세가 되었을 때 사찰 참배 수첩을 샀

다. 원래 젊은 시절부터 절이나 신사 순례를 좋아해 자주 갔는데 나이가 들면서 좀 더 깊이 알고 싶은 마음이 생겼다. 얼마 전 한 신사에 가서 수첩을 2권 샀는데 조금 멀리 나가는 산책이나 여행에는 반드시 지니고 다닌다. 어느 절이나 신사의 수첩이든 모두 멋과 개성이 있어 살펴볼 때마다 사진보다 선명하게 그 장소가 떠오른다. 좋은 기운과 효험을 기대하면서 가끔 뒤적여 보는데, 돈도 들지 않고 마음이 편안해진다.

항상 데이트를 받아주는 둘째 아들과 외출할 때면 가까운 곳은 자전거를 타고 간다. 최근 도심에서는 자전거 대여소를 흔히 볼 수 있지만 굳이 집에서부터 자전거를 타고 나간다. 간혹 근교로 나갈 때는 역에서 자전거를 빌리기도 하는데 관광객의 인파를 피해 주택가 뒷길을 달리는 쾌적함이 참 좋다. 물가를 좋아하기 때문에 자전거로 다리 위를 건너 산책로의 꽃을 감상하거나 리조트를 연상시키는 식물원 옆을 지나거나 시내의 야경을 즐기기도 한다.

자전거는 생각대로 달릴 수 있어 골목으로 들어가 보거나 조금 눈길을 끄는 장소가 있으면 어디든 멈출 수 있다. 산책이 목적인 카페 순례나 신사 순례도 걷기에는 다소 무리인 거리도 이동할 수 있고 차를 탔을 때처럼 풍경이 달아나는 일도 없고 주차장을 걱정할 필요도 없다.

무엇보다 나의 다리가 연료이기 때문에 교통비도 들지 않아 운동과 절약에 가장 좋은 취미라고 생각한다.

업무 스트레스나 운동 부족을 해소하고 싶었을 때 아들의 권유로 자전거 여행을 시작한 때가 56세 즈음이었다. 그리고 익숙해진 탓일까, 지금은 그때보다 더 먼 거리를 거뜬히 달릴 수 있게 되었으니 신기할 따름이다.

STYLE 6

;

눈앞의 행복에 스트레스에서 자유롭다

매일의 생활 속에서 크든 작든 스트레스가 존재하는 것은 살아 있는 한 당연한 일이다. 어떻게 스트레스와 타협을 해 나갈지를 곰곰이 생각하곤 한다. 돌이켜 보면, 젊은 시절에는 다른 사람과 비교하는 경우가 있었다. 그 사람의 남편은 높은 연봉을 받는다, 그 사람은 언제나 비싼 옷을 입는다, 그 사람의 아이는 성적이 우수하다 등등 나의 환경과 비교하고 부러워하는 마음이 생겨나 스트레스를 받았다.

혼자가 되고 스스로를 성장시켜 나가야 할 상황이 되었을 때 남들과의 비교는 불행해지는 무의미한 일임을 깨닫고 점차 하지 않게 되었다. 부자는 아니지만 독립해서 생활하고 있다는 자부심이 그것을 가능하게 했는지도 모르겠다.

하지만 일과 친척, 지인, 이웃과의 왕래 등 인간관계에서 오는 스트레스는 매일 계속되었다.

일을 할 때, 책임이 없는 부분에서도 실수를 하지 않으려 노력하거나 상사와 동료에게 민폐를 끼치지 않으려 긴장하는 것 역시 스트레스다. 그리고 새로운 일을 맡았는데 자꾸 까먹는 것도 스트레스였다.

귀찮은 일을 떠맡게 되고는 사람들이 나를 자기들 편하게 이용한다는 생각이 들어 이 역시 스트레스였고, 출퇴근 만원 지하철에서 짐짝처럼 구겨 넣어지는 것도, 발을 밟히는 것도 스트레스였다.

매일같이 싫은 감정과 작은 분노를 안고 살아가지만, 그때마다 그것이 자신에게 '스트레스'임을 알고 있다면 참을 수 있지 않을까? 스트레스를 자각하면 스트레스를 없애기는 어려워도 그 이상의 즐거움이나 힐링으로 자신을 위로해주고 더 이상 고통을 받지 않을 수는 있다. 그러기 위해서라도 집 안을 깔끔하게 정리하고 마음이 편해지고 힐링이 되는 것 혹은 좋아하는 것들로 꾸며서, 집에서 지낼 때는 마음이 안정되는 시간을 만들려 노력한다.

일 때문에 지치고 피곤해도 집에 돌아가면 나에게는 자유로운 시간과 공간이 있다. 사치스러운 생활이나 여가는 즐기지 못해도 돈을 들이지 않고 즐기는 법도 알고 있다. 그리고 생활의 기반이 되는 일과 건강한 어머니와 형제자매와 아들이 있고 마음을 허락할 수 있는 친구도 있다.

당연한 것 같지만 이런 행복은 없다. 나라는 인간은 한 사람밖에 없으므로 나는 나일 뿐. 눈앞의 행복을 볼 수 있게 된 지금은 스트레스를 거의 받지 않고 있다.

가장 하고 싶은 일은 역시 여행이다. 지금도 황금 연휴나 명절의 긴 연휴가 있지만, 그런 시기는 어디나 혼잡하며 여행경비도 많이 든다. 때문에 비성수기에 여행경비를 줄여 해외든 국내든 많은 곳을 가보고 싶다. 일전에 고등학교 교재용 세계 지도책을 샀다. 지금은 보기만 해도 꿈의 나래가 펼쳐진다. 혼자이므로 집에 남는 사람을 걱정하거나 하지 않아도 된다. 자신이 원할 때 떠날 수 있다고 생각하니 가슴이 두근거린다.

7장

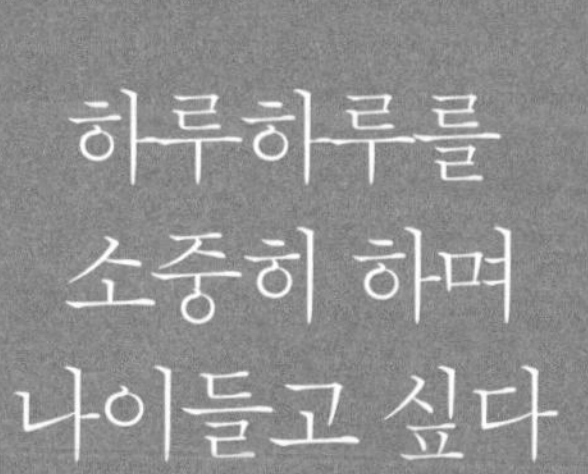

하루하루를 소중히 하며 나이들고 싶다

STYLE 1

일상의
운동,
걷기

운동에는 소질이 없어 특별히 따로 즐기는 것은 없지만 성격이 급한 탓에 동작이 시원시원하다고 한다. 그리고 30대부터 쭉 외근을 했기 때문에 걷는 것은 크게 힘이 들지

않는다. 빨리 걷는 게 습관이 된 것 같다. 걸을 때는 등을 곧게 펴려고 노력한다. 신발 선택도 중요한데, 신고 걸었을 때 피곤하지 않은 신발이 좋다.

한 직원이 외근은 많이 걸어서 피곤하고 힘들다고 푸념을 늘어놓자 당시 듣고 있던 상사가 한 말을 또렷이 기억하고 있다.

"여러분은 돈을 받고 헬스클럽에 다니는 격입니다. 걸으며 다리를 단련하고 있는 것이지요."

그때는 그 말에 수긍하지 못했지만, 30대부터 50대 중반까지 매일 일하면서 걸었던 것이 몸에 아주 좋은 것이었음을 지금의 나이가 되니 알 수 있다. 나이가 들면 누구나 가능한 한 다리가 약해지는 것을 뒤로 미루고 몇 살이 되든 자신의 두 다리로 똑바로 걷고 싶을 것이다.

아침저녁 출퇴근을 할 때 집에서 역까지, 전철에서 내려 직장까지 왕복으로 매일 30분 정도의 시간을 들여 걷는다. 이 시간은 지극히 짧지만 걷기 운동으로 삼고 있다.

등을 펴고, 부끄럽지 않을 정도로 가볍게 손을 흔들면

서 보폭은 크고 빠르게 걸으려 노력한다. 때문에 가방은 사선으로 멜 수 있는 것을 선택한다.

매년 직장에서 받는 건강검진의 사전 문진표 중에 같은 연령대에 비해 걷는 속도가 빠른지를 묻는 항목이 있다. 이 질문을 보아도 단지 오래 걷는 것이 아니라 빨리 걷는 것이 건강을 가늠하는 하나의 바로미터라고 생각했다. 특별히 걷는 시간을 만들지는 않지만 출퇴근을 제외하고라도 혼자일 때는 빠르게 걸으려 신경쓰고 있다.

지금의 일은 내근직이지만 의자에 오래 앉아 있는 시간이 적고, 층과 층을 이동할 때는 계단을 자주 이용한다. 걸음걸이 수를 세지 않아 잘 모르지만, 꽤 많이 걷고 있을 것이라 생각한다.

STYLE 2

인터넷으로 스트레칭 동영상을

지금 하는 일이면 특별히 운동을 하지 않아도 몸은 충분히 움직이고 있다.

다만, 같은 동작만 반복하게 되므로 몸 전체를 움직이기 위해 스트레칭이 가능한 체조를 하려고 마음먹었다가도 어느새 잊어버리곤 한다. 인터넷에서 언제든지 동영상을 볼 수 있으므로 편한 시간을 선택해 여유가 생기면 매일매일 일상의 습관으로 하고 싶다.

10년 전쯤에 운동부족을 보완하기 위해 헬스클럽에 다닌 적이 있는데, 운동기구를 이용해 운동하는 것은 성격에 맞지 않아 훌라댄스와 요가를 한동안 즐겼다. 특히 요가는 초보자를 위한 경우 격렬한 동작 없이 정확한 호흡법을 배우면 자연스럽게 몸무게가 줄었다. 그래서 운동을 그만둔 후에도 가정용 요가 매트를 구입해 요가를 계속했다. 몸이 무겁게 느껴져 유튜브 동영상을 보면서 저녁에 40분 정도 했던 적도 있다.

앞으로도 운동 부족을 느낄 때면 유튜브란 편리한 도구를 활용하려고 생각한다.

STYLE 3

해보고 싶은 일들을 꿈꿔본다

경제적 자립 또는 사회에 기여하고 있다는 기분, 그리고 두뇌를 써서 치매를 예방하는 차원에서라도 앞으로 한동안은 일을 계속 하고 싶다.

반면에 일을 그만두고 백퍼센트 자유로워지기를 기대하는 마음도 있다.

가장 하고 싶은 일은 역시 여행이다. 지금도 황금 연휴나 명절의 긴 연휴가 있지만, 그런 시기는 어디나 혼잡하며 여행경비도 많이 든다. 때문에 비성수기에 여행경비를 줄여 해외든 국내든 많은 곳을 가보고 싶다.

일전에 고등학교 교재용 세계 지도책을 샀다. 지금은 보기만 해도 꿈의 나래가 펼쳐진다. 혼자이므로 집에 남는 사람을 걱정하거나 하지 않아도 된다. 자신이 원할 때 떠날 수 있다고 생각하니 가슴이 두근거린다.

가끔 아침 출근길에 역 앞에서 관광버스를 기다리는 시니어들을 발견할 수 있다. 일을 그만두면 버스여행에 혼자 참가해 보는 것도 좋을 것 같다. 청춘 18티켓을 구입하여 오로지 완행열차로 이동하며 원하는 곳에 내려 머물러 보기도 했으면 좋겠다. 다음날 출근 때문에 일찍 돌아갈 걱정을 하지 않아도 될 날을 동경해 본다.

여행처럼 많은 돈을 들이지 않고도 해보고 싶은 것이

또 있다. 일상생활에서 지역의 홍보지에 나오는 현지 시니어들의 모임에 참가하는 것이다.

새로운 사람들과 만나 대화를 즐기고 싶다. 지금까지 집과 회사와 역만을 왕복했던 길을 벗어나 샛길로 빠져 걸어도 보고 맛있는 음식점을 찾아 산책도 해보고 싶다. 전철을 타고 멀리까지도 가보고 도내 및 근교의 신사를 방문하는 것도 기대된다.

또한 가능하다면 어렸을 때 배웠던 피아노도 다시 연습해 보고 싶다. 30대에 디지털 피아노를 사서 혼자 연습한 적이 있었다. 지금은 악보 읽는 법도 다 잊어버렸고 손가락도 굳었을지 모르지만 손끝을 사용하는 것이 뇌에도 좋을 것 같다. 앞으로 피아노를 살 일은 없겠지만 어딘가 임대 스튜디오를 빌려서 연습하고 싶다는 생각은 하고 있다.

돈을 별로 들이지 않고 즐길 수 있는 방법은 얼마든지 있다. 귀찮다를 말버릇처럼 달고 사는 나로서는 무엇 하나 행동으로 옮기지 않은 채 생각만으로 끝나 버릴 수도 있지만 '언젠가' 하는 마음을 가지고 꿈을 꾸는 것만으로도 즐거운 시간이 된다.

STYLE 4

대화 상대는 얼마든지 있다

지금은 아직 일을 하고 있기 때문에 회사에 가면 점심시간에 동료들과 소소한 잡담을 나눈다. 휴일에는 아들이나 친구들과도 정기적으로 만나 수다를 떨거나 오랫동안 차

를 마시며 이야기하는 경우도 많다.

아예 말을 안 하는 날은 거의 없다. 아무하고도 말을 하지 않는 날이 있는 것도 중요하다고 생각할 정도다. 하지만 앞으로 몇 년 후 일을 그만두었을 때, 휴일은 지금까지와 크게 다르지 않게 지낸다 해도 평일에는 스스로 나서서 움직이지 않는 한 아무와도 이야기하지 않는 날이 많아질 것이다.

누군가와 이야기하고 싶어지면 "잘 지내?" 하고 온라인상으로 나누는 대화도 있지만 나는 직접 만나서 대화하는 것을 좋아한다. 그때는 SNS를 이용해 친구와는 다른 대화 상대를 찾을 것이다.

지금 활동하는 SNS 사이트는 싱글 여성 커뮤니티다. 9년 전쯤에 가입했다. 이혼이나 사별, 미혼 등 저마다 사정이 다르며 여자라고는 해도 60대로 한정되어 있다. 본명도 주소도 모르는, 친구와는 다른 관계이지만 본심을 털어놓을 수 있다.

한 달에 한 번 있는 오프라인에서의 런치모임에 매번은 아니지만 참가하고 있으며 또래만의 일과 질병, 연금에 관한 것, 여행이나 맛있는 요리가 대화 주제다. 참가할 때마다 즐겁게 웃으며 기운을 얻는다.

시간이 나면 산책이나 맛집 탐방 모임 등 좀더 다른 커뮤니티도 찾아보고 싶다. 이런 카페는 참여했다가 자신에게 맞지 않으면 그만둘 수 있어 큰 부담이 없고 자유롭다는 게 좋은 점이다.

좀 더 가까이에서 찾자면 지역 홍보지에 자주 소개되는 무료 강좌 등에 참가하여 지역의 지인을 만드는 것도 이야기 상대를 찾는 좋은 방법이라고 생각한다. 이것도 이제부터 시간이 나면 시작하려고 생각하고 있다.

STYLE 5

걱정은 접어두고 하루하루를 소중히

일어날지 어떨지 모르는 미래의 일을 걱정하기보다, 지금 내가 살아가는 매일을 축적해 가는 것이 미래로 이어진다고 생각한다. 아직 한참 후의 80대나 머지않아 닥칠 70대

도 특별히 생각한 적이 없다. 아니, 생각해도 어쩔 수 없는 일이다.

엄마에게 나이 먹는 데 대한 푸념을 하면, 늘 '젊은 주제에 무슨 소리를 하는 거야.'라고 하신다. 89세의 어머니가 보기에 나는 아직 젊은 것이다. 엄마는 아버지가 돌아가신 뒤로 10년 넘게 혼자 살고 계신다. 다리가 조금 불편해서 자유롭게 외출을 할 수는 없지만, 매일 아침 신문도 꼼꼼히 읽으시고 보고 싶은 TV 프로그램이 있으면 빨간색 연필로 체크도 하고 녹화를 한다. 좋아하는 음식과 몸에 좋은 재료로 균형 잡힌 식사를 만들고 빨래도 청소도 스스로 하신다.

날씨가 좋은 날에는 집 근처를 산책하며 휴대폰으로 꽃 사진을 찍어 보고 즐긴다. 나도 이런 식으로 노후를 보내게 될까? 하고 막연하게 생각하곤 한다. 어머니는 현재 돌봄 서비스도 받고 있지 않으며 양로원에도 절대로 들어가고 싶지 않다고 단언하신다. 나의 노후도 엄마처럼 살 수 있다면 이상적일 것이며 지금 이곳이 마지막 거처가 되리라고 막연히 생각하고 있다.

다만 친구들의 부모를 보면 언제까지 혼자 생활할 수 있을까 하는 불안도 생긴다. 두 아들에게 금전적으로든 육체적으로든 짐이 되고 싶지는 않다. 어쩌면 결국에는 달리 방법이 없어 시설에 들어가게 될 수도 있다. 그때는 이 집을 팔고 얼마 안 되지만 노후를 위해 모은 예금을 사용해야 할 것이다.

최근 몇 년간 생일이면 늘 TV 드라마 속 대사가 떠오른다. 여주인공이 46세 생일에 이웃집 서프라이즈 파티에서 나이 수만큼 초가 꽂혀 있는 케이크를 앞에 두고 이런 나이에 축하라니 부끄럽다고 말하는 장면이 있다. 이웃 역할의 배우가 생일에는 축하할 일이 두 가지 있다고 말한다. 그 하나는 이 세상에 태어난 것이고 또 하나는 지금 건강하게 살고 있는 것이다.

나이가 들어 생일을 맞는 것이 싫다, 축하받고 싶지 않다고 말하는 것은 이상하다. 나이를 먹을수록 생일은 축하해야 하는 멋진 일이다. 20세의 생일보다 46세의 생일이 더 멋지며 많은 촛불은 그 수만큼 노력해 왔다는 증거다.

체력도 약해지고 기억력도 한층 떨어져 아무리 애를

써도 소용이 없다. 노후의 건강이나 돈 걱정도 있지만 정말 말 그대로 나이를 먹는 것을 비관할 것이 아니라 기뻐해야 한다. 이 말을 어머니 생신에도 꼭 전한다.

마치며

어릴 때부터 글쓰기나 독후감처럼 자신의 생각을 글로 쓰는 것은 서툴렀지만 일기나 가계부에 기록을 남기는 습관이 있었다. 컴퓨터로 키보드를 치며 손가락을 움직이는 것이 치매 예방에도 도움이 된다고 하여 늦은 나이에 블로그 활동을 시작했다.

쓰는 것에 익숙해진 작년 가을, 무크지《멋진 그 사람의 싱글 라이프(素敵なあの人のシングルライフ)》로부터 요청을 받아 60대 이후의 저명한 분들과 나란히 기사가 실렸다. 그것이 스바루샤 편집자의 눈에 띄어 책 출간의 제안을 받게 된 것이다. 글쓰기가 서툰 내가 혼자서 책 한 권을 쓰다니 무리라고 생각했지만, '최대한 도와드리겠습니다'라는 말을 믿고, 쓸 수 있는 만큼 써보겠다는 생각으로 글쓰기를 시작했다.

그 사이 두 차례에 걸쳐 사진 기사가 촬영을 왔었다.

전문가가 찍는, 분위기 있는 멋진 사진에 편집자분들과 한껏 들뜨기도 했다. 휴식 시간에는 직접 만든 요리를 선보이며 왁자지껄하게 즐거운 시간을 보냈다.

글을 한번 시작하자 쓰고 싶은 것이 계속해서 나왔다. 지난 인생을 되돌아보면서 지금의 삶과 막연히 마음속에 그리고 있는 앞으로의 삶에 대한 준비 등등. 편집에 수고를 끼쳤지만 완성된 책은 소중한 보물이 되었다.

굴곡은 있었지만 지금은 평범한 독신 생활의 일상. 오랫동안 블로그를 계속해 올 수 있었던 것은 재미있게 읽어주고 때로는 따뜻한 댓글을 달아 준 많은 독자들 덕분이다. 이 자리를 빌려 감사의 말씀을 드린다.

올댓북스의 책

자기계발서

싱글녀 다섯과 고양이 두 마리의
유쾌한 셰어하우스

김미애 외 지음
272쪽 | 13,800원

일하는 의미를 잊은 당신에게

모로토미 요시히코 지음 | 신찬 옮김
216쪽 | 12,000원

성공 비즈니스, 이제는 뇌과학이다

하기와라 잇페이 지음 | 황미숙 옮김
256쪽 | 13,500원

당신의 부는 친구가 결정한다

만팅(曼汀) 지음 | 고은나래 옮김
280쪽 | 13,500원

내 인생에 빛이 되어준 사람들
그때 당신이 거기에 있었다

류통 지음 | 이지수 옮김
288쪽 | 13,500원

옥스퍼드, 천년의 가르침

오카다 아키토 지음 | 이수형 옮김
256쪽 | 13,500원

여성, 가족

페미니즘 소설
완벽한 여자를 찾아서

안느 브레스트 지음 | 김혜영 옮김
272쪽 | 12,800원

일흔 넘은 부모를 보살피는 72가지 방법

오타 사에코 지음 | 오시연 옮김
256쪽 | 13,900원

나는 사십에 소울메이트를 만났다

아리엘 포드 지음 | 손성화 옮김
312쪽 | 13,500원

인문, 예술

사물의 약속

루스 퀴벨 지음 | 손성화 옮김
256쪽 | 13,800원

미녀들의 초상화가 들려주는 욕망의 세계사

기무라 다이지 지음 | 황미숙 옮김
240쪽 | 14,000원

프랑스 사람은 지우개를 쓰지 않는다

이와모토 마나 지음 | 유경희 옮김
240쪽 | 14,000원

문학의 도시, 런던

엘로이즈 밀러, 샘 조디슨 지음
이정아 옮김 | 368쪽 | 16,500원

로맨틱, 파리

데이비드 다우니 지음 | 김수진 옮김
472쪽 | 17,800원

뉴욕 최고의 퍼스널 쇼퍼가 알려주는
패션 테라피

베티 할브레이치, 샐리 웨디카 지음
최유경 옮김 | 272쪽 | 13,900원

당신이 알지 못했던 걸작의 비밀

존 B. 니키 지음 | 홍주연 옮김
472쪽 | 17,000원

신이 인간과 함께한 시절

천시후이 지음 | 정호운 옮김
488쪽 | 19,800원

말하기 힘든 비밀

왕바오헝 지음 | 박영란 옮김
304쪽 | 15,000원

나이들어도
스타일나게 살고 싶다

초판 1쇄 발행 2020년 8월 17일

지은이 | 쇼콜라
옮긴이 | 이진원
디자인 | 아르케
인쇄 · 제본 | 한영문화사

펴낸이 | 이영미
펴낸곳 | 올댓북스
출판등록 | 2012년 12월 4일(제 2012-000386호)
주 소 | 서울시 마포구 연희로 19-1, 6층(동교동)
전 화 | 02)702-3993
팩 스 | 02)3482-3994

ISBN 979-11-86732-49-6(13190)

* 잘못된 책은 구입처에서 바꿔 드립니다.
* 책값은 뒤표지에 있습니다.